Lexikon der Heiligen

Friedemann Bedürftig

Lexikon der Heiligen

KOMET

Autor: Friedemann Bedürftig
Gesamtherstellung: Komet Verlag GmbH, Köln

ISBN 3-89836-529-8
www.komet-verlag.de

Inhalt

OMNIPOTENS

Vorwort

Papst Johannes Paul II. hat während seines langen Pontifikats einige hundert Persönlichkeiten heiliggesprochen, mehr als alle seine Vorgänger. Und das in einer gründlich verweltlichten Zeit, in der sich viele Menschen fragen, ob uns die Heiligen der Kirche überhaupt noch etwas zu sagen haben. Das aber war gerade eines der Hauptmotive für die Fülle der Erhebungen, denn der polnische Papst war sich wie wenige bewusst, dass die Menschen heute mehr denn je Vorbilder und Orientierung brauchen.

Dabei helfen ihnen nicht entrückte Lichtgestalten, sondern fehlbare Sünder, wie sie es selbst sind. Heilige zeichnen sich nur dadurch aus, dass die Gottsuche durch Nächstenliebe und Andacht, durch Opfer und Tugend im Zentrum ihres Lebens stand. Viele fanden erst spät zu solcher Haltung, andere spürten von Anfang an, dass sie berufen waren. Keinem von ihnen aber wurde der Weg zu Gott leicht gemacht, Versuchungen und Anfechtungen plagten sie. Glauben und Gnade mussten immer von Neuem errungen werden.

Auch und gerade in ihrem Kämpfen erkennen wir Unseresgleichen in den Heiligen und schöpfen Mut für den Alltag und Hoffnung für die Zukunft. Der vorliegende Heiligenkalender bietet für jeden Tag des Jahres ganz knappe Porträts von Frauen und Männern aus der 2000-jährigen Geschichte der Kirche. In ihnen begegnen uns verschiedene Epochen und Denkweisen, teilweise märchenhaft entrückt. Und auch das hat seinen Reiz: Glauben und Poesie sind Geschwister. In Gestalt der Heiligen tritt das Wunder in die Welt.

Wer den Tag oder doch manchen Tag und sei es nur den Geburtstag mit einem Blick auf den Heiligen des Datums beginnt, wird anders in die Schöpfung schauen, bewusster mit sich und den Mitmenschen umgehen. Manche der kurzen Lebensskizzen weckt dann womöglich auch den Wunsch nach genauerer Beschäftigung mit dieser und oder jenem Heiligen. Insofern versteht sich diese Sammlung auch als Begleiter und Wegweiser.

Januar

1.

Fulgentius

Geboren um das Jahr 468, aus wohlhabender Familie in Telepte (Nordafrika) stammend und vorzüglich ausgebildet, trat Fulgentius in ein Kloster ein, das er nur ungern verließ, als er im Jahr 508 zum Bischof von Ruspe an der nordafrikanischen Mittelmeerküste ernannt wurde. Nach manchen Kämpfen gegen die arianischen Vandalen, die ihn zweimal ins Exil nach Sardinien vertrieben, konnte er sich 523 schließlich durchsetzen und starb am 1. Januar 532. Einige seiner theologischen Schriften sind erhalten geblieben.

Gregor von Nazianz d. Ä.

Den Beinamen verdankt Gregor seinem Geburtsort Nazianz (heute Nenisi, Türkei) in Kleinasien, wo er um 280 zur Welt kam. Ursprünglich Anhänger einer Sekte, fand er zum katholischen Glauben im Jahr 325 durch seine Frau Nonna, die ebenfalls zu den Heiligen zählt (9. August). Bereits vier Jahre nach seiner Bekehrung war Gregor Bischof seiner Heimatstadt. Er konnte die zerstrittene Gemeinde einigen und die berühmte Kathedrale auf achteckigem Grundriss errichten lassen. Er starb im Jahr 374.

Clarus, Abt in Vienne (7.Jh.); Heinrich von Clairvaux (12. Jh.); Josef Maria Tomasi, Kardinal (17./18. Jh.); Vinzenz Maria Strambi, Bischof von Macerata-Tolentino (18./19. Jh.); Wilhelm von Dijon, Klostergründer (10./11. Jh.)

2.

Basilius der Große

Seine Größe gewann Basilius aus seiner Bescheidenheit: Um 330 in Caesarea (heute Kayseri, Türkei) geboren, ließ er sich 356 taufen, verschenkte sein Vermögen, zog sich zusammen mit seinem engen Freund Gregor von Nazianz d.J., in mönchische Einsamkeit zurück und entwarf eine Klosterregel (Basilianer). Um 364 von Eusebius von Cäsarea zum Priester geweiht, wurde Basilius 370 als dessen Nachfolger Bischof seiner Heimatstadt. Unnachsichtig bekämpfte er die Arianer. Am 1. Januar 379 starb er in Caesarea.

Gregor von Nazianz d. J.

Einen Tag nach dem Vater Gregor von Nazianz d.Ä., wird des noch bedeutenderen Sohnes gedacht. Seine Lebensstationen: 330 geboren, Studium in Athen, Taufe 360, Eremitendasein mit seinem Freund Basilius, 374 Nachfolger des Vaters als Bischof von Nazianz. 381 wurde Gregor Erzbischof von Konstantinopel, wo er sich wegen vieler persönlicher Anfeindungen und Intrigen aber nicht halten konnte. Er zog sich als theologischer Schriftsteller zurück und starb 390. Gregor gilt als wichtiger Kirchenlehrer.

Stephana Quinzani

Die 1457 im Dorf Orcinuovi in der Nähe von Brescia geborene Dominikaner-Nonne Stephana Quinzani, trug in den letzten 40 Jahren ihres bis zum 2. Januar 1530 währenden Lebens die Wundmale Christi. Sie nahm die damit verbundenen Leiden als von Gott gesandte Buße demütig hin. Seit 1485 war Stephana Äbtissin eines Klosters in Crema und starb im nahen Soncino, wo sie eine Abtei gegründet hatte. 1740 heiliggesprochen, wird sie in der dortigen Kirche S. Giacomo verehrt, wo zwei schöne Porträts von ihr hängen.

Adalhard, Abt in Corbie (8./9. Jh.); Dietmar, erster Bischof von Prag (10. Jh.); Makarios von Alexandria d.J., Einsiedler (4. Jh.); Odino, erster Abt in Rot (12. Jh.); Ortolana (Hortulana), Nonne (13. Jh.)

3. Genoveva

Die Gebete der frommen Genoveva (Geneviève), geboren 422 in Nanterre, sollen 451 die Hunnen von Paris abgelenkt haben. Bis dahin als Schwärmerin beargwöhnt, genoss sie fortan große Bewunderung. Frankenkönig Chlodwig gehörte nach seiner Bekehrung zu Genovevas Verehrern. Er ließ nach ihrem Tod am 3. Januar 502 eine Kirche über ihrem Grab erbauen. Sie wurde Kern des heutigen Pantheons, wo viele große Franzosen die letzte Ruhe gefunden haben. Genoveva ist Schutzheilige der französischen Hauptstadt.

Adela, Äbtissin in Pfalzel (8. Jh.); Florentius, Bischof von Vienne (4. Jh.); Odilo, Erz-Abt in Cluny (10./11. Jh.)

4. Elisabeth Anna Bayley

Erste gebürtige Amerikanerin, die heiliggesprochen worden ist (1975 durch Papst Paul VI.): Elisabeth Bayley (* New York 28.8.1774), verheiratete Seton, gebar fünf Kinder. Sie konvertierte nach dem frühen Tod des Mannes zum katholischen Glauben und gründete 1812 den Orden „Sisters of Charity" (Schwestern der Barmherzigkeit), die nach der Regel der Vincentinerinnen lebten und sich unter Frau Bayleys Leitung aufopfernd um Arme und Notleidende kümmerten. Gestorben in Emmitsbourg 4. Januar 1821.

Angela von Foligno, Klostergründerin (13. Jh.); Christiana von Lucca, Klostergründerin (13. Jh.); Ferreolus, Bischof von Uzès (6. Jh.); Gregor, Bischof von Langres (6. Jh.); Liawizo, Erzbischof von Hamburg (10./11. Jh.); Rigobert, Bischof von Reims (8. Jh.); Titus, Schüler des Apostels Paulus, erster Bischof von Kreta (1. Jh.)

Johannes Nepomuk Neumann

Neumann, Sohn deutsch-tschechischer Eltern (* in Böhmen 26.3.1811), widmete sich der Amerika-Mission. Er trat dem Redemptoristenorden bei, wurde in New York zum Priester geweiht und übernahm mit 41 Jahren als Bischof die Diözese Philadelphia. Die Gründung von 100 Kirchen und 80 Schulen geht auf ihn zurück; er wurde damit zum Begründer des amerikanischen Pfarrschulsystems. Am 5. Januar 1860 waren seine Kräfte aufgezehrt. Er wurde in der Redemptoristenkirche St. Peter in Philadelphia beigesetzt.

Eduard, König von England

Er erlebte die normannische Eroberung seines Reiches nicht mehr: Eduard, Jahrgang 1003, hatte den englischen Thron 1042 bestiegen und sich ganz unköniglich vor allem um die Armen in seinem Reich (Heilung eines Gichtkranken), die Kirchen und Klöster gekümmert; er erbaute die Abtei Sankt Peter (Kern der Westminster Abbey). Dafür erhielt er den Ehrenbeinamen „der Bekenner". Am 5. Januar 1066 starb er, zehn Monate, bevor die Normannen kamen. 1161 Heiligsprechung. Eduards Grab wurde zum Nationalheiligtum.

Gerlach von Houthem, Einsiedler (12. Jh.); Roger von Todi, Mönch (13. Jh.); Telesphorus, römischer Gemeindevorsteher (2. Jh.)

Januar

6.

Caspar, Melchior, Balthasar (Heilige Drei Könige)

Nach Matth. 2,1-12 kamen nach Jesu Geburt drei Weise, dem Stern über Bethlehem folgend, aus dem Morgenland, um das Kind, den künftigen „König der Juden“, anzubeten. Zunächst zahlenmäßig nicht festgelegt, wurden sie wegen der Anzahl ihrer Geschenke (Gold, Weihrauch, Myrrhe) bald als die Drei Könige und seit dem frühen Mittelalter mit den Namen Caspar, Melchior und Balthasar bezeichnet. An das Fest der Heiligen („Epiphanias“ = Offenbarung der Göttlichkeit des Kindes) ist vielfältiges religiöses Brauchtum geknüpft (Sternsingen, Perchtenlauf, Wahl des Bohnenkönigs); lange galt es auch als eigentlicher Beginn des neuen Jahres. Die Drei Könige sind Schutzheilige der Reisenden und Pilger. Ihre Reliquien verehren die Gläubigen seit dem Hochmittelalter in einem Goldschrein aus der Werkstatt des Nikolaus von Verdun im Kölner Dom.

Andreas Corsini, wundertätiger Mönch (14. Jh.); Gertrud van Oosten, Mystikerin (14. Jh.); Raphaela Maria vom Heiligen Herzen, Ordensgründerin (19./20. Jh.); Wiltrud von Bergen, Äbtissin (10. Jh.)

7.

Reinhold von Köln

Sicheres ist nicht belegt über die Biographie des Mönchs aus dem 10. Jahrhundert: Reinhold hatte in der Kölner Abtei St. Pantaleon die Aufsicht über die beim Kirchenbau beschäftigten Steinmetze und arbeitete selber fleißig mit. Er war gefürchtet wegen seiner Genauigkeit und hielt auch die anderen dazu an, weil sie im Auftrag des Höchsten am Werke seien. Schließlich soll er von aufgebrachten Kollegen erschlagen worden sein. Attribut Reinholds ist der Hammer; er wird als Schutzpatron der Bildhauer verehrt.

Maria Theresia von Haze, Ordensgründerin (19. Jh.); Valentin von Rätien, Bischof von Passau (5. Jh.)

8.

Laurentius Giustiniani

In der Kirche S. Giorgio in Venedig hat Laurentius Giustiniani, der erste Patriarch der Stadt, seine letzte Ruhestätte gefunden. Der große Wohltäter der Armen und Notleidenden, geboren 1381 in der Lagunenstadt, war 1451 hochbetagt Bischof von Venedig geworden. Weithin gerühmt wurde die große Frömmigkeit und Fürsorglichkeit des asketischen Mannes, der am 8. Januar 1465 in seiner Heimatstadt starb. Er wurde 1690 heiliggesprochen. Ein Gemälde von Gentile Bellini hat sein scharfes Profil festgehalten.

Gudula (Gudrun), Büßerin (7./8. Jh.); Heinrich von Arnsberg, Mönch (12. Jh.); Petrus Thomas, Patriarch von Konstantinopel (14. Jh.); William Fitzherbert, Erzbischof von York (12. Jh.)

9.

Maria Theresia von Jesus

Zur Welt kam sie als Alix le Clerc 1576 in Lothringen, lernte den Theologen Petrus Fourier kennen und gründete mit ihm in Nancy den Lehrorden der „Chorfrauen Unserer Lieben Frau)“. Als dessen Leiterin nahm Alix den Ordensnamen Maria Theresia von Jesus an. Sie sorgte unermüdlich für ihre Schwestern und war ihnen ein Vorbild an Tugendhaftigkeit. 1621 fühlte sie ihre Kräfte erlahmen und legte die Verantwortung in jüngere Hände. Sie starb am 9. Januar 1622; 1947 sprach sie Papst Pius XII. heilig.

Agatha Yi, koreanische Märtyrerin (19. Jh.); Eberhard, Propst in Schäftlarn (12. Jh.); Hadrian, Abt in Canterbury (7./8. Jh.)

Januar

10.

Gregor X.

1210 kam Tedaldo Visconti in Piacenza (Oberitalien) zur Welt, wurde Geistlicher und Archidiakon von Lüttich. Während der Teilnahme an einem Kreuzzug wurde er auf Betreiben des Franziskanergenerals Bonaventura in Viterbo 1271 zum Papst gewählt und nannte sich fortan Gregor X. Er berief 1274 ein Konzil nach Lyon ein, bemühte sich aber vergebens um einen weiteren Kreuzzug. Ehe Gregor am 10. Januar 1275 starb, anerkannte der die 1273 erfolgte Wahl Rudolfs von Habsburg zum deutschen König.

Franziska Salesia (Léonie) Aviat, Ordensgründerin (19./20. Jh.); Gregor von Nyssa, Metropolit von Sebaste (4. Jh.); Paulus von Theben, Einsiedler (3./4. Jh.); Wilhelm von Donjeon, Erzbischof von Bourges, Patron der Kinder (12./13. Jh.)

11.

Theodosius

Wenige Kilometer südöstlich von Jerusalem liegt das Kloster Dêr-Dôsi, das noch im fremden Namen an den dort jahrzehntelang wirkenden Einsiedler Theodosius erinnert. Der Sohn frommer Eltern aus Kappadokien (geboren 424) war dem Säulenheiligen Simon Stylites begegnet und hatte beschlossen, ein Leben in Einsamkeit und Bedürfnislosigkeit zu führen. Er baute Höhlen in der genannten Gegend, bewirkte unfassbare Wunder und starb im Alter von 105 Jahren am 11. Januar 529; Patron der Feilenmacher.

Honorata, Schwester des heiligen Epiphanius von Pavia (5. Jh.); Johannes Cochlaeus, Domherr in Breslau (16. Jh.); Thomas von Cori, franziskanischer Prediger (17./18. Jh.)

12.

Antonius Pucci

„Ein Vorbild für alle Pfarrer“ nannte Papst Pius XII. den italienischen Geistlichen Antonius Maria Pucci bei der Seligsprechung 1952. Der so Geehrte war 1819 in Poggiole bei Florenz zur Welt gekommen, empfing 1843 die

Priesterweihe und übernahm wenig später eine Pfarrstelle in Viareggio. In den vier Jahrzehnten seiner Amtszeit machte er sich einen Namen als weiser geistlicher Ratgeber und fürsorglicher Hirte. Papst Johannes XXIII. sprach den 1892 verstorbenen Priester am 9. Dezember 1962 heilig.

Hilda von Salzburg, Äbtissin von Nonnberg (13. Jh.); Johann Kaspar Kratz, jesuitischer Missionar (18. Jh.); Margarete Bougeoys, Ordensgründerin (18. Jh.); Valentinian, Bischof von Chur (6. Jh.)

13.

Gottfried von Cappenberg

Er wurde nur 30 Jahre alt, es waren aber durch Kriege und Erbstreitigkeiten bewegte Jahre: Gottfried, Spross der Grafen von Cappenberg, kam 1097 zur Welt, heiratete Jutta von Arnsberg, fand jedoch die erhoffte Seelenruhe nicht. Erst Die Predigten des Prämonstratensermönchs Norbert von Xanten wiesen ihm den Weg. Er schenkte dem Orden seine Güter, trat selbst ein und überzeugte auch Frau und Schwestern vom klösterlichen Leben. Er starb am 13. Januar 1127 in der hessischen Propstei Ilbenstadt.

Hilarius

Im Jahr 1851 erhob Papst Pius IX. einen Heiligen zum Kirchenlehrer, der schon lange vor allem in Frankreich große Verehrung genoss: Hilarius, um 315 in Pictavium (Poitiers) geboren, war 350 vom Volk zum Bischof seiner Heimatstadt berufen worden, obwohl er erst fünf Jahre zuvor die Taufe empfangen hatte. Geprägt war seine Amtszeit vom kompromisslosen Kampf gegen die Arianer, dokumentiert in seinem vielbändigen Werk „De trinitate“ (Über die Dreifaltigkeit). Gestorben 367, am 13. Januar beigesetzt.

Berno, Klostergründer und Abt in Cluny (9./10. Jh.); Yvette (Jutta), Pflegerin von Leprakranken (12./13. Jh.)

14. Eng(e)lmar

Tief im Walde bei Passau lebte im 11. Jahrhundert der Einsiedler Englmar, nach dem eine dortige Ortschaft benannt ist. Auch der Brauch des Engelmarisuchens gedenkt seiner: Dabei wird ein Bild des Heiligen im Wald versteckt, gesucht und nach Auffinden vom Priester in feierlicher Prozession zurückgebracht. Damit ehrt man bis heute einen Mann, dessen gottgefälliges Leben einen Rivalen so ärgerte, dass er ihn um 1100 an einem Wintertag erschlug. Bauern rufen Englmar um eine gute Ernte an.

Felix von Nola, Priester (3. Jh.); Heilika (Helga) von Köln, Asketin (12. Jh.); Oderich von Pordenone, Franziskaner-Missionar (14. Jh.); Seraphim von Sarow, russischer Einsiedler (18./19. Jh.)

15. Arnold Janssen

Eigentlich wollte Arnold Janssen aus Goch am Niederrhein (* 1837) Lehrer werden. Doch bald gab er das Studium auf und wandte sich der Theologie zu; 1861 Priesterweihe. Seit 1873 gab er den „Kleinen Herz-Jesu-Boten" heraus, mit dem er für verstärkte katholische Mission warb. 1875 eröffnete Janssen im holländischen Steyl eine Missionsschule, weil in Deutschland Kulturkampf herrschte. Es folgten weitere Gründungen in Europa und in den USA. Janssen starb am 15. Januar 1909; 2003 wurde er heiliggesprochen.

Gabriel von Ferrara, Krankenhausgründer in Polen und Österreich (16./17. Jh.); Ita, Äbtissin in Newcastle (6. Jh.); Makarius der Ägypter, Einsiedler (4. Jh.); Maurus, Abt in Subiaco (6. Jh.); Secundina, Märtyrerin (1. Jh.)

16. Tozzo

Die Lebensgeschichte des heiligen Tozzo beruht zum großen Teil auf legendärer Überlieferung. Danach soll er nach einer Zeit als Mönch in Murbach (Oberelsass) mit dem heiligen Magnus ins Allgäu gekommen sein.

Angeblich war er Seelsorger in einer kleinen Kirche in Waltenhofen bei Füssen. Dort soll ihn im Jahr 772 der Ruf auf den Augsburger Bischofssitz erreicht haben. Sechs Jahre segensreichen Wirkens in der späteren Fuggerstadt begründeten seinen Ruf als überaus frommer und mildtätiger Mann.

Honoratus, Bischof in Arles (5. Jh.); Johanna, Nonne (11./12. Jh.); Tillo von Solingnac, Einsiedler (7. Jh.); Ulrich von Blücher, Bischof von Ratzeburg (13. Jh.)

17.

Antonius der Große

Er gilt als „Vater des Mönchtums", der aus Mittelägypten stammende Antonius (* um 251). Als junger Mann verschenkte er sein Erbe und zog sich in die Wüste zurück. Mit seinem vorbildlichen Lebenswandel und seiner Bedürfnislosigkeit zog er viele Jünger an, die sich Plätze in seiner Nähe suchten. Nur einmal verließ Antonius kurz vor seinem Tod als 105-Jähriger seine Einsiedlergemeinde und hielt in Alexandria Reden gegen die Arianer. Schutzpatron u.a. der Haustiere. Kennzeichen: T-förmiges Antoniuskreuz.

Beatrix von Cappenberg, Prämonstratenserin (12. Jh.); Januarius Sánchez Delgadillo, mexikanischer Märtyrer (20. Jh.); Roselina von Celle-Roubaud, Mystikerin (13./14. Jh.)

18.

Faustina und Liberata

In Leben und Tod vereint: Faustina und Liberata, im frühen 6. Jahrhundert geborene Töchter eines norditalienschen Adligen. Als junge Mädchen ereilte sie der Ruf des Herrn in Gestalt der Klage einer über den Tod ihres Mannes untröstlichen Witwe. Sie bewegte die Schwestern zum Ablegen der Klostergelübde. In ihre Abtei zog es bald mehr und mehr Frauen, so dass daraus das Kloster S. Margareta wuchs. Faustina starb am 15., Liberata am 18. Januar 580. Ihre Reliquien ruhen in der Kathedrale von Como.

Margareta von Ungarn

Die Männer rissen sich um die schöne Tochter des ungarischen Königs Béla IV., doch die 1242 geborene Margareta blieb bei ihrem Gelübde, jungfräulich als Nonne im Kloster auf der Budapester Haseninsel zu leben, die bald nach ihr Margareteninsel genannt wurde; dort pflegte Margareta Schwerkranke. Damit und mit unermüdlichen Bußübungen erschöpfte sie ihre Kräfte und starb schon 1270. Sechs Jahre später unter die Seligen aufgenommen, wurde sie 1943 von Papst Pius XII. heiliggesprochen.

Andreas Grego von Pescara, Mönch (15. Jh.); Odilo von Bayern, Klostergründer (8. Jh.); Regina Protmann, Mystikerin (16./17. Jh.)

19.

Agritius

Die alte Römerstadt Trier zieht Touristen an. 1959 und 1996 aber kamen wahre Besucherströme. Sie wollten den im Dom ausgestellten Heiligen Rock Christi sehen, den Bischof Agritius um 314 nach Trier geholt hatte. Ihn wiederum hatte Helene, Mutter Konstantins des Großen, dorthin empfohlen, weil sie sich von dem Mann aus Kleinasien Glaubensimpulse versprach. Sie irrte sich nicht: Kirchenlehrer Athanasius, der zwei Jahre nach dem Tod des Agritius (333) nach Tier kam, war beeindruckt von seinen Erfolgen.

Aleydis (Adelheid) von Oldenburg, Nonne (12. Jh.); Pia und Picaria, Märtyrerinnen (3. Jh.)

20.

Sebastian

Gebunden an einen Baum oder Pfahl, von Pfeilen durchbohrt und aus vielen Wunden blutend, so wird in der Kunst der heilige Sebastian dargestellt, der als junger Mann und Soldat während der Christenverfolgung von Kaiser Diokletian das Martyrium erlitt (gegen Ende 3. Jh.). Er gehört zu den volkstümlichsten Heiligen, wird bei Seuchen- und Pestgefahr angerufen und ist Patron zahlreicher Berufsstände, vor allem der Schützen, Jäger, Soldaten, Gerber, Eisengießer, Steinmetze und Leichenträger.

Elisabeth von Füssenich, Mystikerin (12./13. Jh.); Fabianus, römischer Bischof und Märtyrer (3. Jh.); Ursula Haider von Leutkirch, Mystikerin (15. Jh.)

21.

Agnes von Rom

An ihr Leiden und Sterben erinnert im Nordwesten Roms die Kirche S. Agnese fuori le mura, die im 4. Jahrhundert errichtet wurde: Agnes soll Tochter aus wohlhabendem Hause gewesen sein, weigerte sich aber zu heiraten und begründete das damit, dass sie schon mit Christus verlobt sei. Das war in der Zeit von Kaiser Diokletian ein todeswürdiges Verbrechen. Agnes wurde wohl im Jahr 304 mit dem Schwert hingerichtet, nachdem ihr Flammen nichts hatten anhaben können. Sie wird als Patronin der Verlobten verehrt.

Epiphanius, Bischof von Pavia (5. Jh.); Josefa Maria von der heiligen Agnes, spanische Mystikerin (17. Jh.); Meinrad von Einsiedeln, Eremit (9.Jh.)

22.

Dietlinde (Theodelind)

Wie im Frankenreich bewirkte eine Frau im oberitalienischen Staat der Langobarden, dass die Wende vom arianischen zum katholischen Glauben vollzogen wurde: Dietlinde, Enkelin des Langobardenkönigs Wacho, heiratete um 600 Herzog Agilulf von Turin, der dadurch König wurde. Ihn bewegte sie dazu, den gemeinsamen Sohn Adaloald katholisch taufen zu lassen und sich mit Papst Gregor dem Großen zu versöhnen. Dome und andere Kirchenbauten erinnern an Königin Dietlinde, die am 22. Januar 627 starb.

Vinzenz von Saragossa

Auf der Iberischen Halbinsel kommt kaum ein Heiliger Vinzenz an Beliebtheit gleich: Der Archidiakon von Saragossa soll während der Christenverfolgungen des Kaisers Diokletian (um 300) verhaftet und gefoltert worden sein. Er ertrug die Martern klaglos, getröstet von einem Engel. Als er seinen Verletzungen erlegen war, versenkte man den Leichnam im Meer. Wogen spülten ihn ans Ufer; Reliquien werden in Kirchen Südwesteuropas aufbewahrt. Vinzenz ist Patron Portugals sowie der Winzer, Seeleute und Holzfäller.

Elisabeth von Österreich, königliche Wohltäterin (16. Jh.); László Batthyány-Strattmann, Arzt (19./20. Jh.); Vinzenz Palotti, Ordensgründer (19. Jh.); Walter von Bierbeek, Mönch (13. Jh.)

23.

Heinrich Seuse

1295 als Sohn eines Ritters am Bodensee geboren, trat Heinrich Seuse schon mit 13 Jahren dem Dominikanerorden bei und erlebte bei strengster Askese und Selbstkasteiung Visionen und Ekstasen. Nach dem Studium bei Meister Eckart in Köln, den er zeitlebens verehrte, wurde Seuse 1335 Seelsorger in verschiedenen Dominikanerklöstern und starb am 25. Januar 1266 in Ulm, wo er seit 1348 gewirkt hatte. Sein „Büchlein der ewigen Weisheiten“ (1328) gehörte zu den beliebtesten Andachtsbüchern des Mittelalters.

Barnard, Erzbischof von Vienne (9. Jh.); Emerentiana, Märtyrerin (3. Jh.); Eugen Bolz, Widerstandskämpfer und Märtyrer (20. Jh.); Ildefons, Erzbischof von Toledo (7. Jh.); Lüfthild (Liuthildis) von Bonn, Einsiedlerin (9. Jh.)

24.

Franz von Sales

Es gehörte Mut dazu, in einem von Calvinisten beherrschten Gebiet für den katholischen Glauben zu streiten: Franz von Sales, 1567 in Savoyen geboren, fürchtete sich nicht, empfing 1593 die Priesterweihe und zog predigend durch die Region am Südufer des Genfer Sees. Mit Erfolg: 1602 Ernennung zum Erzbischof von Genf und 1610 zusammen mit Françoise de Chantal Gründung des Ordens von der Heimsuchung Marias (Salesianerinnen) in Annecy. Franz starb dort 1622; Patron der Schriftsteller und der Stadt Genf.

Bernhard Lehner, wundertätiger Schüler (20. Jh.); Maria Poussepin, Ordensgründerin (18. Jh.); Vera von Clermont, Wohltäterin (4. Jh.)

25.

Poppo von Stablo

Der um 978 geborene flandrische Ritter Poppo unternahm im Jahr 1000 eine Wallfahrt ins Heilige Land und besuchte auf der Ruckfahrt die Gräber der Apostel Petrus und Paulus in Rom. Hier beschloss Poppo ins Kloster zu gehen und setzte den Entschluss nach Ordnung seiner irdischen Dinge 1005 um. Als begabten Organisator berief ihn Kaiser Heinrich II. 1020 zum Abt der Klöster Malmédy und Stablo, wo die Reliquien des am 25. Januar 1048 gestorbenen Poppo aufbewahrt sind. Er wurde 1624 heiliggesprochen.

Ananias, Schüler Jesu und Täufer des Apostels Paulus (1. Jh.); Titus Maria Horten, Dominikaner (20. Jh.); Wolfgang von Waldgassen, Abt (12. Jh.)

26.

Paula von Rom

Der Tod ihres Mannes, mit dem sie fünf Kinder hatte, wies der 347 in Rom geborenen Paula den Weg zur geistlichen Einkehr. Sie wurde Schülerin des Kirchenlehrers Hieronymus und folgte ihm 385 nach Palästina, besuchte die Heiligen Stätten und ließ sich in Bethlehem nieder. Dort opferte sie für die Gründung eines Mönchs- und eines Nonnenklosters ihr Vermögen und baute eine Herberge für Pilger, um deren Wohlergehen sie sich kümmerte. Sie starb am 26. Januar 404 bettelarm, wie sie es sich gewünscht hatte.

Hieronymus Jaegen, Bankier und Mystiker (19./20. Jh.); Julian, legendärer erster Bischof von Le Mans (1. Jh.); Theogenes, Märtyrer (3. Jh.); Thimotheus, Paulus-Mitarbeiter und Märtyrer (1. Jh.)

27.

Angela Merici

Ihr Leichnam ruht in einem Glasschrein in der Kirche S. Angela Merici in Brescia. Dorthin war die 1474 in Desenzano am Südzipfel des Gardasees geborene Angela Merici 1516 gezogen und hatte sich ganz karitativen Aufgaben gewidmet. Zur geistlichen Ausbildung von Frauen gründete sie nach einer Wallfahrt ins Heilige Land 1525 den nach ihrer Schutzpatronin genannten Ursulinenorden. Angela starb am 27. Januar 1540, 1807 wurde sie von Papst Pius VII. heiliggesprochen. Sie ist Patronin ihres Geburtsortes.

Antonia Werr, Ordensgründerin (19. Jh.); Georg (Jurgis) Matulaitis, Erzbischof von Vilnius (19./20. Jh.); Manfred Settala, Einsiedler (13. Jh.); Rosalia du Verdier de la Sorinière, Märtyrerin (18. Jh.)

Karl der Große

Der erste germanische Kaiser, der am Weihnachtstage des Jahres 800 in Rom gekrönte Frankenherrscher Karl der Große (742/748–814), gehört eher aus politischen Gründen zu den Heiligen. Sein Nachfahre Kaiser Friedrich I. Barbarossa ließ ihn durch den Kölner Erzbischof gegen den Willen von Papst Alexander III. im Jahr 1165 kanonisieren, um die eigene Herrschaft sakral zu untermauern. Seitdem wird die Heiligenverehrung Karls gestattet, ist offiziell aber nicht anerkannt. Er ist Patron der Lehrer.

Thomas von Aquin

Der aus einem italienischen Grafengeschlecht (* Roccasecca um 1226) stammende Thomas von Aquin wurde Dominikaner und Theologie-Schüler des Albertus Magnus in Köln. Er lehrte in Paris und Rom. Thomas schuf ein philosophisch-theologisches System, in dem Vernunft und Glauben einander widerspruchsfrei ergänzen im christlichen Endziel, der Vereinigung mit Gott. Er starb am 7. März 1274 bei Rom, wurde 1323 heiliggesprochen und 1567 zum Kirchenlehrer erhoben. Er ist Patron von Wissenschaft und Wissenschaftlern.

Agatha Lin Zhao, chinesische Märtyrerin (19. Jh.); Karoline Barbara Carré de Malberg, Wohltäterin (19. Jh.); Manfred von Riva, Einsiedler (15. Jh.); Olga Bida, Nonne (20. Jh.)

29.

Valerius

In der Abtei St. Matthias in Trier, die früher nach dem ersten Bischof der Stadt Eucharius-Kirche hieß, ruht auch dessen Nachfolger Valerius in einem Steinsarkophag. Der fromme Mann soll den Bischofssitz in der zweiten Hälfte des 3. Jahrhunderts innegehabt haben und die Gemeinde in der schweren Zeit der Christenverfolgungen unter den Soldatenkaisern Decius und Valerian zusammengehalten haben. Er legte damit das Fundament für die später so bedeutende christliche Bastion an der Mosel.

Boleslava Mairia Lament, Ordensgründerin (20. Jh.); Sulpicius Severus, Bischof von Bourges (6. Jh.); Villana de Bottis, Florentiner Nonne (14. Jh.)

30.

Balthild(e)

Von Wikingern als Kind aus ihrer englischen Heimat verschleppt wurde Balthild 641 als Sklavin ins Frankenreich verkauft. Dort verliebte sich König Chlowig II. in die junge Frau und heiratete sie 649. Nach dem Tod des Königs 656 führte Balthild die Regentschaft für ihren Sohn Chlotar III., förderte Klöster, sorgte für die Armen und verbot die Sklaverei. Nach einem Putsch verbrachte sie die letzten Jahre als einfache Nonne im von ihr gegründeten Kloster Chelles. Dort starb sie am 30. Januar 680 oder 681.

Martina

„Bringt Martina (also der 30. Januar) Sonnenschein, hofft man auf viel Korn und Wein“, lautet eine Bauernregel. Dass die Heilige über großen Einfluss im Himmel verfügt, geht aus ihrer Legende hervor. Danach habe sich die römische Konsulstochter um 230 vor einem heidnischen Götterbild bekreuzigt und damit die Statue zum Bersten und den zugehörigen Tempel zum Einsturz gebracht. Feuer und wilde Tiere konnten ihr nichts anhaben; schließlich brachte man sie wegen ihres Frevels mit dem Schwert zu Tode.

Hyazintha Mariscotti, Nonne (16. Jh.); Matthias, Bischof von Jerusalem (2. Jh.); Sebastian Valfré, Mönch (17./18. Jh.)

Giovanni (Don) Bosco

Er hat seine harte Jugend nie vergessen: Als Giovanni Bosco zwei Jahre alt war, starb der Vater; die Mutter zog den in Becchi bei Turin 1815 geborenen Jungen unter Entbehrungen auf und legte die Wurzeln für seinen Wunsch, Priester zu werden. 1841 geweiht, kümmerte sich der bald Don Bosco genannte Geistliche um schwierige Turiner Jugendliche, gründete 1859 den Orden der Salesianer Don Boscos und rief 1872 auch die Klöster der Töchter Mariens ins Leben. Er starb am 31. Januar 1888; 1934 heiliggesprochen.

Hemma

Als große Wohltäterin ging Hemma (Koseform von Wilhelma), bayerische Grafentochter und seit 827 Gemahlin Ludwigs (II.) des Deutschen (* 805, König 843–876), in die Geschichte ein. Die 808 geborene Mutter von sieben Kindern kümmerte sich zeitlebens um Notleidende und Bedürftige. Und sie unterstützte großzügig das Frauenkloster Obermünster in Regensburg. Ihr Todestag ist der 31. Januar 876, ihr Grab, geschmückt mit einer Steinmetzarbeit aus dem 13. Jahrhundert, wird in Sankt Emmeran in Regensburg verehrt.

Eusebius von Rankweil, Märtyrer (9. Jh.); Franz Xaver Maria Bianchi, Mystiker (18./19. Jh.); Wulfia von Amiens, Einsiedlerin (8. Jh.)

Februar

1.

Brigida (Brigitta) von Kildare

Wunderschön soll die 14-jährige Brigida, Tochter eines irischen Adligen und einer Leibeigenen, gewesen sein. Sie zog aber der Verheiratung die Klosterzelle vor, die sie sich im Schatten einer Eiche errichtete. Ähnlich gesinnte Frauen gesellten sich zu ihr, ein Nonnenkloster entstand und bald auch eines für Mönche. Beide leitete Brigida als Äbtissin. Heute ist nur noch ein Turm der Anlage erhalten, frisch geblieben aber ist der Ruhm Brigidas, die am 1. Februar 523 starb und Patronin des Viehs ist.

Severus

In S. Apollinare in Classe, der größten Basilika der Region Ravenna, leuchten einmalig schöne Mosaiken. Sie stammen aus dem 6./7. Jahrhundert und zeigen neben anderen Figuren den um die Mitte des 4. Jahrhunderts amtierenden Bischof Severus von Ravenna. Er war ursprünglich Weber und nahm die Berufung erst an, als Gott ihm mit zwei Tauben, die sich auf ihm niederließen, ein Zeichen gegeben hatte. Er wird als Patron der Weber, Spinner, Handschuh-, Tuch- und Hutmacher verehrt.

Henry Morse, Märtyrer (17. Jh.); Johanna Franziska Michelotti, Ordensgründerin (19. Jh.); Reginald von Orléans, Klostergründer (12./13. Jh.)

2.

Burkhard

Wie viele angelsächsische Mönche zog auch Burkhard, um 700 geboren, missionierend durch den Kontinent und wurde von Bonifatius 741 zum ersten

Bischof von Würzburg geweiht. Hier gründete der neue geistliche Herr das Andreaskloster und begann mit dem Bau des Salvatordoms. Auf einer Reise zum Papst soll er am 2. Februar 754 in Italien gestorben sein; sein Leichnam wurde nach Würzburg gebracht und in Sankt Andreas beigesetzt. Burkhard genießt Verehrung als Patron gegen Steinleiden und Gelenkerkrankungen.

(Maria) Katharina Kaspar

Zusammen mit sechs Frauen gründete die am 26.5.1820 geborene Bauerstochter Katharina Kaspar in ihrem Heimatort Dernbach im Westerwald einen Verein zur häuslichen Kranken- und Altenpflege. Daraus bildete sich am 15. August 1851 die Genossenschaft der „Armen Dienstmägde Jesu Christi". Frau Kaspar nahm als Leiterin den Ordensnamen Maria an und erlebte noch, dass Papst Leo XIII. den Orden 1890 anerkannte, ehe sie am 2. Februar 1898 starb. Zu der Zeit arbeiteten weltweit bereits 2000 „Dienstmägde Jesu".

Andreas Karl Ferrari, Bischof von Mailand (19./20. Jh.); Franz Maria Paul Libermann, Ordensgründer (19. Jh.); Hadeloga von Kitzingen, Äbtissin (8. Jh.); Stephan Bellesini, Mönch (18./19. Jh.)

3.

Blasius

Seine große Popularität gewann Blasius der Legende nach so: Von den Schergen Kaiser Diokletians eingekerkert, rettete er ein miteingesperrtes Kind durch Gebet vor dem Ersticken. Das machte den Bischof von Sebaste, der im Jahr 316 das Martyrium erlitt, zum Patron gegen Halsleiden und zu einem der 14 Nothelfer. Außerdem stehen unter seinem Schutz Ärzte, Musikanten, Gerber und andere Berufszweige sowie Haustiere. Er wird auch bei Blutungen, Geschwüren, Blasenkrankheiten, Koliken und Zahnschmerzen angerufen.

Ansgar, Erzbischof von Hamburg und Bremen, „Apostel des Nordens" (9. Jh.); Helena Maria Stollenwerk, Ordensgründerin (19. Jh.); Werburg von Hanbury, Äbtissin (7. Jh.)

Februar

4.

Veronika

Über die reale Person, wenn es sie denn gab, wissen wir nichts. Im 4. Jahrhundert kam die Legende auf, nach der eine Jüngerin Jesu mit Namen Veronika dem verurteilten Gottessohn auf dem Weg zum Kreuz ihren Schleier als Schweißtuch gereicht habe. Christi Antlitz soll sich beim Abtrocknen auf dem Tuch abgezeichnet haben. Trotz der Zweifel an ihrer Existenz gehört Veronika zu den populärsten Heiligen. Sie ist Patronin der Pfarrhaushälterinnen und Wäscherinnen; sie wird bei schweren Verletzungen angerufen.

Hrabanus Maurus

Zehnjährig kam der um 780 in Mainz geborene Hrabanus Maurus in die Klosterschule Fulda, studierte bei Alkuin, einem Berater Karls des Großen, in Tours und kehrte 804 als Lehrer nach Fulda zurück. 822 wurde er dort Abt und 847 Erzbischof von Mainz, wo er am 4. Februar 856 starb. Nicht seine Karriere, sondern seine Gelehrsamkeit hat ihn zu einem der bedeutendsten Deutschen des frühen Mittelalters gemacht, „Lehrer Germaniens" genannt. Bis heute bekannt ist seine Hymne „Veni creator spiritus" (Komm, Schöpfer, Geist).

Johanna (Jeanne) von Valois, Ordensgründerin (15./16. Jh.); Joseph von Leonessa, Missionar (16./17. Jh.); Nikolaus Studites, Abt in Konstantinopel (9. Jh.)

5.

Agatha

Wie so oft eine Geschichte des Konflikts zwischen Schönheit und Tugend: Die um 225 geborene reizende Agatha weckte die Lüsternheit des Statthalters im sizilischen Catania; er begehrte sie zum Weib. Das wies die junge Frau mit Hinweis darauf zurück, dass sie Christus gehöre. Der Zorn des hohen Herrn kannte keine Grenzen; er ließ Agatha einkerkern, foltern und schließlich im Jahr 250 zu Tode quälen. Bald bildete sich ein Kult um die Märtyrerin, die vor allem bei Feuersbrunst und bei Erdbeben angerufen wird.

Adelheid von Villich, Äbtissin (10./11. Jh.); Elisabeth Canori Mora, Nonne (19. Jh.); Ingenuinus, Bischof (6./7. Jh.)

6.

Dorothea

Gärtner, Brautpaare und Frauen, die gerade ein Kind geboren haben, rufen die heilige Dorothea an. Sie war um 290 in Kappadokien zur Welt gekommen und weigerte sich, den Gouverneur Apricius zu erhören. Daraufhin ließ sie der mächtige Mann im Jahr 305 verhaften und zum Tod verurteilen. Auf dem Weg zur Richtstätte spottete ein Zuschauer, wenn es Blumen regnen würde, wolle er auch an Jesus glauben. Da schwebten Engel mit Blumen herab. Der Spötter pries Christus und wurde mit Dorothea gerichtet.

Paul Miki

Gegen Fremde und fremdes Gedankengut gab es in Japan immer wieder Verfolgungswellen, eine schlimme im 16. Jahrhundert: Das bekam der aus christlicher Familie stammende Paul Miki, geboren um 1565 in Kyoto, zu spüren. Der fähige Prediger, seit 1587 Jesuit und um ein japanisches Bild Jesu bemüht, wurde mit 25 Glaubensbrüdern zum Tode verurteilt, den er zur Verhöhnung am 5. Februar 1597 in Nagasaki am Kreuze erlitt. Miki und seine Leidensgenossen wurden 1862 von Papst Pius IX. heiliggesprochen.

Amandus, Bischof von Maastricht (7. Jh.); Justinus, Bischof von Straßburg (4. Jh.); Maria Theresia (Aline) Bonzel, Ordensgründerin (19./20. Jh.); Reinhild von Aldeneyck, Äbtissin (8. Jh.)

7.

Richard

Erst 400 Jahre nach seinem Tod wurde die Lebensgeschichte des englischen Königs Richard niedergeschrieben: Dass der im 7. Jahrhundert in Wessex geborene Mann zu den Heiligen zählt, liegt daran, dass er auf einer Pilgerfahrt nach Rom, die er nicht überlebte, um 720 einen Todkranken geheilt haben soll. Seine Söhne pflegten sein Andenken vor allem in Deutschland: Willibald wurde Bischof von Eichstätt, Wunibald leitete als Abt das Kloster Heidenheim. Richards Frau Wunna war eine Schwester des Bonifatius.

Adalbert Nierychlewski, Mönch (1942 in Auschwitz ermordet); Antonius von Stronconio, Mönch (15. Jh.); Jakob Salès, Märtyrer (16. Jh.); Maria von der Vorsehung (Eugénie) Smet, Ordensgründerin (19. Jh.)

8.

Hieronymus Ämiliani

Zunächst verlief das Leben des wohlhabenden Hieronymus Ämiliani, geboren 1486 in Venedig, in vorgezeichneten Bahnen. Er wurde Soldat und avancierte rasch. 1508 jedoch geriet er in Gefangenschaft und erlebte eine wundersame Rettung, die ihn zur Umkehr rief. Er sah seine Aufgabe nun als Diener der Notleidenden und Kranken. Nach der Priesterweihe 1518 gründete er 1528 eine Gesellschaft zur Hilfe für Arme im oberitalienischen Somasca, daher auch Somaskerorden genannt. Dort starb Hieronymus am 8. Februar 1537.

Josefina Margarete Bakita

Als kleines Mädchen von Sklavenhändlern im sudanesischen Darfur geraubt und zynisch Bakita („Glück gehabt“) genannt, kam die kleine um 1870 geborene Sklavin nach Italien. Dort fand sie Zuflucht bei den Canossianerinnen in Genua, wurde Josefina getauft und wollte in den Orden eintreten, was für Farbige eigentlich erst 1920 möglich wurde. Bakita fand aber Hilfe beim späteren Papst Pius X. und wurde 1891 Nonne. Ein Fall, der weltweit Schlagzeilen machte; ein weiteres Mal beim Tod Bakitas am 8. Februar 1947.

Honoratus, Bischof von Mailand (6. Jh.); Milada, Äbtissin in Prag (10. Jh.); Paulus, Bischof von Verdun (7. Jh.)

Februar

9.

Alto

Es ging wundersam zu bei der Gründung des Klosters Altomünster bei Dachau: Im finstern Tann lebte dort im 8. Jahrhundert der Einsiedler Alto. Der König schenkte ihm den Wald, und Alto machte sich daran, Platz für seine Abtei zu roden, indem er die zu fällenden Bäume mit dem Messer ritzte, woraufhin sie umfielen. Vögel schleppten die Äste weg, mit einem Stab lockte Alto eine Quelle hervor. Den fertigen Bau weihte um 745 der heilige Bonifatius, und bald bildete sich um Alto († 760) eine Klostergemeinschaft.

Apollonia

Freitod oder Martyrium? Darüber stritten sich die Gelehrten, der Volksglaube aber entschied: Apollonia gehört zu den Heiligen. Sie erlitt während einer Christenverfolgung in ihrer ägyptischen Heimatstadt Alexandria um 250 schwere Foltern. Von den Schlägen wurde ihre Kinnlade zertrümmert; man drohte ihr mit dem Feuertod. Als ihre Quäler einmal nicht acht gaben, stürzte sich Apollonia laut betend selbst in die Flammen. Sie ist Patronin der Zahnärzte und wird bei Zahnschmerzen angerufen.

Ansbert, Erzbischof von Rouen (7. Jh.); Maro, Einsiedler (4./5. Jh.); Michael (Franziskus) Febres Cordero, Mönch (19./20. Jh.); Rainaldus, Mönch (13. Jh.)

10.

Scholastika

Zwillinge im Leben, Zwillinge im Geiste: Benedikt von Nursia, der Gründer des abendländischen Mönchtums, und seine Schwester Scholastika, um 480 geboren. Schon als Kind Gott geweiht, ging Scholastika in ein Kloster bei Subiaco und traf sich jährlich mit dem Bruder zu geistlichem Austausch. Beim Treffen im Jahr 542 starb sie. Benedikt ließ sie in dem für ihn vorgesehenen Grab beisetzen, in das er ihr 547 folgte, mit ihr nun auch vereint in der Herrlichkeit Gottes. Scholastika ist Patronin der Nonnen.

Hugo von Fosses

Sie ergänzten einander ideal: Hugo aus dem belgischen Ort Fosses bei Namur, geboren um 1093, und Norbert, der Begründer des Ordens der Prämonstratenser und sein erster Abt. Die beiden begegneten sich 1119, und Norbert machte Hugo zu seinem Vertrauten und zum Organisator des Ordens, der sich rasch ausbreitete. Hugo übernahm dessen Leitung als Generalabt nach Norberts Tod 1134. Als er selbst am 10. Februar 1164 in der französischen Abtei Prémontré starb, umfasste der Orden bereits 120 Klöster.

Aloisius Stepinac, Erzbischof von Zagreb (20. Jh.); Prothadius, Bischof von Besançon (6./7. Jh.); Wilhelm („der Große“) von Malavalle, Einsiedler (12. Jh.)

11.

Gregor II.

Mit der Ostkirche gab es nur Ärger für Papst Gregor II., der seit 715 amtierte, in der Frage der Bilderverehrung. Freude hingegen machte dem um 669 in Rom geborenen Gregor sein englischer Schützling Winifred. Ihn entsandte er unter Verleihung des Ehrennamens Bonifatius (= Wohltater) nach Deutschland (Ostteil des Fränkischen Reiches) und betraute ihn mit der Christianisierung; 722 wurde Bonifatius Bischof. Als Gregor am 11. Februar 731 für immer die Augen schloss, war das große Werk in bestem Gedeihen.

Maria Fidelis Weiß, Nonne mit den Wundmalen Christi (19./20. Jh.); Paschalis I., Papst (9. Jh.); Secundinus, Bischof von Apulien (5./6. Jh.)

12.

Benedikt von Aniane

Dem westgotischen Grafen Aigulf von Maguelone wurde um 750 ein Sohn geboren, den er Witiza taufte. Der Junge entwickelt sich wie gewünscht, wurde Soldat am Hof Karls des Großen, erlebte dann aber eine religiöse Erweckung. Er zog sich in die Einsamkeit zurück und gründete 779 das Kloster Aniane am gleichnamigen Fluss bei Montpellier. Er nannte sich nun Benedikt und übernahm die Regel des Benediktinerordens, die bald für die französischen Abteien verbindlich wurde. 821 starb er in Aachen.

Humbelina, Priorin von Jully-sur-Sarce (11./12. Jh.); Ludanus, Pilger (12./13. Jh.); Meletius, Bischof von Antiochia (4. Jh.)

13.

Kastor

Genaue Lebensdaten sind nicht bekannt: Der wohl aus Aquitanien stammende Kastor lebte im 4. Jahrhundert als Einsiedler in Karden an der Mosel und trat in Beziehung zu Bischof Maximinus von Trier, der ihn zum Priester weihte. Er sammelte eine Gemeinschaft von frommen Männern um sich, predigte und wirkte Wunder. So soll er ein Salzschiff auf der Mosel vor dem Untergang gerettet haben. Seine Reliquien wurden 837 nach Koblenz überführt und ruhen dort in der nach ihm benannten Kirche Sankt Kastor.

Christina

Sie kam um 1435 als Augustina Camozzi am Luganer See zur Welt, heiratete früh, verlor sehr bald ihren Mann und suchte sich durch Ausschweifungen zu trösten. 1455 erkannte sie dies als fatalen Irrweg und trat als Terziarin unter dem Namen Christina in den Dritten Orden des heiligen Augustinus in Spoleto (Umbrien) ein. Ihr aufopferungsvolles Leben im Dienst der Nächstenliebe trug ihr schnell den Ruf der Heiligkeit ein, doch verbat sie sich jeden Kult. Sie starb am 13. Februar 1558 in Spoleto.

Eustochia (Lukretia) Bellini von Padua, Nonne (15. Jh.); Gosbert, Bischof von Osnabrück (9. Jh.); Jordan von Sachsen, Dominikanergeneral (13. Jh.); Stephanus, Bischof von Lyon (5./6. Jh.)

Valentin

Den Valentinstag begingen die Römer schon vor Christi Geburt; allerdings hieß er da noch Junotag nach der göttlichen Schützerin von Ehe und Familie. Das übertrug man auf einen legendären Priester in Rom (hier in einer Darstellung als Kind und Bischof), der am 14. Februar 269 enthauptet worden war, weil er Liebende nach christlichem Ritus getraut hatte. Trost Suchenden schenkte er eine Blume aus seinem Garten. Der Brauch, dass Paare sich zum Valentinstag (Beginn der Paarungszeit der Vögel) Liebesgaben schenken, kam zuerst in Frankreich und England auf und kam von dort auf dem Umweg über die USA zu uns.

Cyrillus von Saloniki

Wie sollten die Slawen sich nach der Heiligen Schrift richten, wenn sie Schrift gar nicht kannten? Der aus Byzanz zusammen mit seinem Bruder Methodius zu ihnen gesandte Missionar Cyrillus entwickelte daher im 9. Jahrhundert für ihre Sprache auf griechischer Grundlage eine Schrift (das Kyrillische) und unterwies die Slawen im Lesen und im Glauben. Papst Hadrian II. anerkannte das Slawische als liturgische Sprache. Cyrillus starb am 14. Februar 869 in Rom. Er ist Patron der slawischen Völker.

Antonio (Domenico) Catelli, Bischof von Stabia (6./7. Jh.); Johannes Baptist von der Empfängnis García Jijón, Ordensgründer (16./17. Jh.); Zeno, Märtyrer (1. Jh.)

18.

Simon

Im Neuen Testament wird Simon als „Bruder" Jesu bezeichnet, was wegen der Jungfräulichkeit der Muttergottes meist als „naher Verwandter" interpretiert wird. Er war wohl älter als Jesus und führte die Jerusalemer Gemeinde nach dem Tod des Jakobus, eines anderen „Bruders" Jesu, seit dem Jahr 62 oder 63 als zweiter Bischof. Als weit über 100-Jähriger soll Simon unter Kaiser Trajan im Jahr 107 das Martyrium am Kreuz erlitten haben. Sein Grab ist unbekannt, Reliquien werden in Köln und Rom verwahrt.

Angilibert (Engelbert), Abt von Riquier (8./9. Jh.); Gertrud (Katharina) Comensoli, Ordensgründerin (19./20. Jh.); Giovanni von Fiesole (Fra Angelico), Mönch und Maler (15. Jh.); William Harrington, Märtyrer (16. Jh.)

19.

Barbatus

568 waren die Langobarden in Italien eingefallen. Sie bekannten sich zum arianischen Christentum. Der um 612 geborene Barbatus bemühte sich nach der Priesterweihe, sie zum katholischen Glauben zu bekehren. Er konnte einige der langobardischen Fürsten dafür gewinnen und wurde 663 Bischof von Benevent. An der Stelle der Kirche, in der Barbatus nach dem Tod am 19. Februar 682 beigesetzt wurde, errichtete man im 12. Jahrhundert eine fünfschiffige Basilika. Dort ruhen die Gebeine des Bischofs unter dem Altar.

Bonifatius

Im 13. Jahrhundert tobte ein erbitterter Kampf zwischen dem Stauferkaiser Friedrich II. und mehreren Päpsten. Der in Brüssel geborene Theologe Bonifatius geriet nach seiner Ernennung zum Bischof von Lausanne (um 1240) zwischen die Fronten. Schließlich musste er wegen seiner Papsttreue vor den Kaiserlichen fliehen und ging in seine Heimat, wo er die Zisterzienserinnen der Abtei Mariä Kammern bei Brüssel unterrichtete und am 19. Februar 1266 starb. Man ruft den Heiligen bei fiebrigen Erkrankungen an.

Elisabeth Picenardi, Nonne (15. Jh.); Lucia Yi Zhen-mei, chinesische Märtyrerin (19. Jh.); Mansuetis, Bischof von Mailand (7. Jh.); Quodvultdeus (= Was will Gott?), Bischof von Karthago (5. Jh.)

20.

Eucherius

„Wie leicht könnte ich, betört durch Glanz und Lust der Welt, die Krone des Heils verlieren, die ich hier sichern wollte!" Mit diesen Worten wehrte sich der fromme 25-jährige Einsiedler Eucherius 719 gegen die Berufung auf den Bischofsstuhl von Orléans. Doch schließlich fügte er sich, hatte aber bald Grund, das zu bereuen: Sein Ruhm weckte Neid am Hof des Frankenherrschers Karl Martell, der Eucherius 732 nach Köln und wenig später ins belgische Sint-Truiden verbannte, wo Eucherius am 20. Februar 738 starb.

Jacinta Marto, kindliche Seherin von Fatima (20. Jh.); Leo „Thaumaturgos" (Wundertäter), Bischof von Catania (8. Jh.); Thyrannio, Bischof von Tyrus (3./4. Jh.)

21.

Petrus Damiani

Eine Heiligsprechung war nicht erforderlich. Der um 1007 in Ravenna geborene Petrus Damiani führte ein so frommes Einsiedlerleben in Fonte Avellana (bei Fabriano), dass ihn schon die Zeitgenossen tief verehrten. Sein Kampf gegen die Sittenlosigkeit des Klerus und gegen den Ämterschacher machte ihn für reformwillige Päpste zum Vorbild, und so berief ihn Stephan IX. 1057 zum Kardinal. Erst 1063 durfte Petrus in seine geliebte Einsamkeit zurück. Er starb 1072 und hinterließ ein reiches literarisches Werk.

Germanus

Tief erschüttert vom Tod seiner Eltern im Jahr 627 verschenkte der 17-jährige Germanus sein reiches Erbe an die Armen und trat in Remiremont in den Vogesen in ein Kloster ein. Er empfing bald die Priesterweihe und wechselte als Abt ins Kloster Grandval im Münstertal im Bistum Basel. Über 35 Jahre führte er die Abtei. Als er am 21. Februar 675 beim Landesfürsten gegen dessen Politik der Klosterausplünderung protestieren wollte, geriet Germanus in einen Hinterhalt und wurde von Soldaten ermordet.

Maximianus

Die wundervollen Basiliken S. Vitale und S. Apollinare in Classe im oberitalienischen Ravenna ließ der seit 546 amtierende Erzbischof Maximianus vollenden. Er war um 500 im istrischen Pula zur Welt gekommen und von Papst Vigilius in das hohe Amt berufen worden. Zu seinen große Bauprojekten gehörte auch die Basilika S. Stefano in Ravenna, wo Maximianus am 21. Februar 556 starb. Eine große Stütze für ihn war Kaiser Justinian (regierte 527–565), mit dem er auf einem berühmten Mosaikbild dargestellt ist.

Gunhild (Gunthild), Äbtissin von Biblisheim (12. Jh.); Natalis (Noël) Pinot, Märtyrer (18. Jh.); Robert Southwell, Märtyrer (16. Jh.)

22.

Margarete von Cortona

Ein sorgenfreies Leben an der Seite eines Adligen schien ihr vorgezeichnet. Margarete, 1247 in Laviano östlich von Salerno geboren, folgte dem Geliebten nach Montepulciano (Toskana) und gebar ihm einen Sohn. Dann der Schock: Ihr Partner wurde Opfer von Räubern. Margarete wollte fortan nur noch Gott dienen und fand nach einiger Abwehr Aufnahme im Franziskaner-Terziarinnen-Orden in Cortona. Hier gründete sie ein Hospital für Arme, und hier starb sie am 22. Februar 1297. Sie ist Patronin der Büßer.

Isabella (Elisabeth) von Frankreich, Klostergründerin (13. Jh.); Papias von Hierapolis, Apostolischer Vater (2. Jh.); Paschasius, Bischof von Vienne (4. Jh.)

23.

Polykarp

Der noch von Jesu Jünger Johannes zum Bischof von Smyrna (heute Izmir) ernannte Polykarp, geboren um 70, hatte viel für den Zusammenhalt der christlichen Gemeinden getan und damit die heidnischen Behörden gegen sich aufgebracht. Als sich der hochbetagte Mann am 23. Februar 155 im Zirkus öffentlich zu Christus bekannte, war das Maß voll. Er sollte verbrannt werden. Doch er spottete der Flammen, und vom Scheiterhaufen stieg ein Wohlgeruch auf. Entnervt brachte der Henker Polykarp mit dem Dolch um.

Romana

In der schönen Hallenkirche S. Fortunato im umbrischen Todi ruhen die Gebeine Romanas. Sie war zehnjährig von daheim weggegangen und hatte das Leben einer Einsiedlerin auf dem Berg Soracte bei Rom geführt. Dort begegnete sie Papst Silvester I., der vor Kaiser Diokletian geflohen war, und ließ sich von ihm taufen. Sie setzte ihr Eremitendasein in einer Höhle fort und lebte ganz ihren religiösen Visionen. Um 335 soll sie gestorben sein; ihre Gebeine wurden um 1300 in die Kirche in Todi überführt.

Josephina (Juditta Adelheid) Vannini, Ordensgründerin (19./20. Jh.); Nicolas Tabouillot, Märtyrer (18. Jh.); Willigis, Erzbischof von Mainz (10./11. Jh.)

Februar

24. Ethelbert

Als er um 560 den Thron von Kent bestieg, war Ethelbert noch Heide. Seine Frau Bertha aber, eine Enkelin von Frankenkönig Chlodwig I., hatte ihn bereits mit dem Christentum vertraut gemacht, so dass die von Papst Gregor dem Großen nach England entsandten Missionare 596 vom König freundlich unterstützt wurden. Er selbst ließ sich um die Wende zum 7. Jahrhundert taufen. Aus dem Glauben heraus tat Ethelbert viel für die Armen in seinem Land, die ihn tief betrauerten, als er 616 die Augen für immer schloss.

Evetius, Märtyrer in Nikomedien (3./4. Jh.); Marcus von Marconi, Mönch (15./16. Jh.); Modestus, Bischof von Trier (5. Jh.)

25. Walburga

Sie stammte aus heiliger Familie: Als heilig verehrt werden auch ihr Vater König Richard von Wessex, ihre Mutter Wunna, ihre Brüder Willibald und Wunibald sowie ihr Onkel Bonifatius. Von diesem wurde die um 710 geborene Walburga 748 nach Deutschland gerufen. Nach einer Zeit im Kloster von Tauberbischofsheim wurde sie 761 Äbtissin in Heidenheim (Mittelfranken). Durch Wunderheilungen und tätige Nächstenliebe wusste Walburga zu überzeugen. Die Patronin der Wöchnerinnen und gegen Hundebiss starb 779.

Adelhelm, Abt in Engelberg (12. Jh.); Caesarius von Nazianz, Arzt (4. Jh.); Turibio Romo, mexikanischer Märtyrer (19./20. Jh.)

26.

Edigna

Angeblich war sie die Tochter des französischen Königs und sollte zur Heirat gezwungen werden. Davor floh Edigna mit einem Ochsenkarren. Das Zugtier blieb in der kleinen Ortschaft Puch beim heutigen Fürstenfeldbruck stehen, was die junge Frau als Zeichen ansah, hier als Einsiedlerin zu leben. In einer hohlen Linde vor der Kirche fand Edigna Wohnung. Sie unterrichtete in den folgenden 35 Jahren die Bewohner im Lesen und Schreiben. Als sie am 26. Februar 1109 starb, soll aus der Linde ein Heilöl geflossen sein.

Andreas, Bischof von Florenz (9. Jh.); Dionysius, erster Bischof von Augsburg (3. Jh.); Ottokar vom Tegernsee, Klostergründer (8. Jh.)

27.

Gabriel von der Schmerzensreichen Gottesmutter

Seine Kumpane staunten nicht schlecht: Von einem Tag auf den anderen gab Francesco Possenti seinen lockeren Lebenswandel auf, trat in den Passionistenorden ein, nannte sich fortan Gabriel von der Schmerzhaften Gottesmutter und führte ein strenges Büßerleben. Der 1838 im umbrischen Assisi geborene Mönch hatte beim Anblick eines Marienbildes urplötzlich begriffen, dass er auf dem falschen Weg war. Demütig ertrug er seine bald ausbrechende Krankheit, an der er am 27. Februar 1862 in Isola del Gran Sasso starb.

Anne Highham Line, Märtyrerin (16./17. Jh.); Honorina, Märtyrerin (1. Jh.); Baldomerus (Galmier), Schlosser und Subdiakon (7. Jh.)

28.

Romanus

Von Jugend an träumten die um 400 zur Welt gekommenen Brüder Romanus und Lupicinus aus Burgund davon, in der Einsamkeit ihrem Gott zu dienen. Nachdem Romanus beim Abt Sabinus in Laon die Regeln des Eremitenlebens gelernt hatte, fand er in einem Condat genannten Tal im Juragebirge eine geeignete Schlucht. Lupicinus folgte ihm um 450 dorthin. Zu beiden gesellten sich mit der Zeit gleichgesinnte Männer, so dass ein Kloster entstand, dessen Leitung Romanus übernahm. Er starb am 28. Februar 462 oder 463.

Daniel Brottier, Missionar (19./20. Jh.); Silvana, Märtyrerin (3./4. Jh.); Theodulf von Trier, Einsiedler (7. Jh.)

29.

Antonia

1401 in Florenz geboren, trat Antonia nach dem frühen Tod ihres Mannes dem Franziskaner-Terziarinnen-Orden bei und wurde 1433 Oberin in L'Aquila, wünschte sich aber ein strengeres Ordensleben. Sie gründete 1447 am selben Ort das Klarissenkloster Corpus Domini und führte es bis zu ihrem Ende am 29. Februar 1472. In den letzten Jahren litt Antonia unter einer schweren Krankheit, die sie in großer Geduld, ja dankbar im Gedenken an die schweren Leiden des Herrn ertrug. Ihr Kult wurde 1847 anerkannt.

August Chapdelaine, China-Missionar und Märtyrer (19. Jh.); Hilarius, Papst (5. Jh.); Oswald, Bischof von Worcester und Erzbischof von York (10. Jh.)

März

1.

Johanna Maria Bonomo

Die Wundmale Christi zeigten sich bei der Benediktinerin Johanna Maria Bonomo schon früh. Die an Mariä Himmelfahrt (15.8.) 1606 in Asiago (Venetien) geborene junge Frau legte 1622 im Kloster San Gerolamo von Bassano (Venetien) das Ordensgelübde ab. Sie blieb bis zu ihrem Tod am 1. März 1670 in der Abtei, war Novizenmeisterin und Priorin und gab mit ihren Bußübungen und dem demütigen Ertragen von Krankheiten allen Schwestern ein Beispiel. Ihre Schriften über asketisches Leben fanden weite Verbreitung.

David (Dewi) von Menevia

Erst 500 Jahre nach Davids Tod, gälisch Dewi genannt, schrieb sein walisischer Landsmann Rhygyfarch um 1090 über ihn. Die Nachrichten sind entsprechend ungenau: David soll der Sohn eines Adligen in der heutigen Grafschaft Pembrokeshire gewesen sein, geboren um 520. Nach der Priesterweihe kam er auf Missionsreisen auch nach Palästina, wo er die Bischofsweihe empfing. Er starb 20 Jahre nach der Rückkehr in die Heimat und nach der Gründung zahlreicher Kirchen in Südwales um 590 in Mynyw (Menevia).

Albinus, Bischof von Angers (6. Jh.); Rudesindus, Klostergründer (10. Jh.); Suidbert (Swidbert), Missionar, Bischof von Verdun (7./8. Jh.)

2.

Karl I. der Gute

Obwohl 1184 als Sohn König Knuds von Dänemark geboren, wurde Karl nach einer ausgedehnten Pilgerreise ins Heilige Land als Nachfolger Balduins VII. Graf von Flandern. In den acht Jahren seiner Regierung konnte er dem Land Ruhe und Sicherheit geben (daher „der Gute“ genannt), indem er einen Gottesfrieden für Feiertage und in den kirchlich-klösterlichen Bereichen verordnete und Verstöße dagegen unnachsichtig ahndete. Am 2. März 1227 fiel er in Brügge während einer Messe einem Mordanschlag zu Opfer.

Angela de la Cruz Guerrero Gonzalez

Geboren 1846 in eine arme Familie in Sevilla, wurde Angela fromm erzogen und beschloss früh, der Welt zu entsagen. Entscheidender Impuls wurde eine Vision des Kreuzes Christi mit einem leeren Kreuz davor, das sie als das ihre deutete. Sie gründete 1875 den Orden „Schwestern der Gesellschaft vom Kreuz" und nannte sich Maria de los Angeles. Ihr Motto: „Sich arm machen, um die Armen zu Christus zu bringen." 50 Jahre nach ihrem Tod am 2. März 1932 sprach sie Papst Johannes Paul II. selig, 2003 heilig.

Chad (Ceadda), Abt in Lastingham, Bischof von York und Lichfield (7. Jh.); Engelmar (Hubert) Unzeitig, Priester und Märtyrer (KZ Dachau 1945); Troadius, Märtyrer in Pontos (3. Jh.)

3.

Innozenz von Berzo

Als Giovanni Scalvinoni 1844 in Niardo geboren, studierte der früh vaterlos gewordene junge Mann Theologie in Brescia und empfing 1867 die Priesterweihe. Er trat in den Kapuzinerorden ein, erhielt den Namen Innozenz und wirkte in Berzo Demo (Provinz Udine). Die Leute der Umgebung schätzten den bescheidenen Mönch wegen seiner seelsorgerischen Fähigkeiten. Innozenz starb am 3. März 1890; sein Leichnam wurde auf Wunsch der Bevölkerung nach Berzo Demo überführt und ruht in der dortigen Kirche.

Kunigunde

Kinderlosigkeit war verdächtig: Verleumder bezichtigten Kaiserin Kunigunde (* um 980 in Lützelburg) die 999 geschlossene Ehe mit Heinrich II. gebrochen zu haben. Sogleich bot Kunigunde an, sich einem Gottesurteil zu unterziehen: Unversehrt wandelte sie über glühende Pflugscharen. Nach Heinrichs Tod 1024 ging sie als einfache Nonne in das von ihr 1017 gestiftete Kloster Kaufungen bei Kassel, wo sie am 3. März 1033 verschied. Tilman Riemenschneider gestaltete den Sarkophag der Eheleute im Bamberger Dom.

Anselm von Nonàntola, Abt (8./9. Jh.); Katherine Maria Drexel, amerikanische Ordensgründerin (19./20. Jh.); Petrus Renatus Rogue, französischer Märtyrer (18. Jh.)

4.

Kasimir von Polen

Der Vater König Kasimir IV. von Polen, die Mutter Elisabeth ungarisch-böhmische Königstochter: Als dritter Sohn dieses Paares kam Prinz Kasimir 1458 zur Welt und sollte die ungarische Krone erwerben. Obwohl von den dortigen Großen 13-jährig gewählt, wurde er von Matthias Corvinus verdrängt. Dem Prinzen war das nur recht, legte er doch viel mehr Wert auf geistliche Beschäftigung und lehnte daher 1481 auch die Hand einer Kaisertochter ab. Auf einer Reise nach Litauen starb er am 4. März 1484 in Grodno.

Appian, Mönch und Einsiedler (8. Jh.); Humbert, Graf von Savoyen (12. Jh.); Placida (Victoria Eulalia Jacqueline) Viel, Ordensgründerin (19. Jh.)

5.

Konrad Scheuber

Sein Großvater war Nikolaus von der Flüe, der berühmte Einsiedler: Der 1481 im Kanton Nidwalden geborene Enkel Konrad Scheuber trat zunächst nicht in seine Fußstapfen; er wurde Soldat und nahm an den Religionskriegen teil, so auch 1531 an der Schlacht, in der der Reformator Zwingli fiel. Erst im Alter erwachte auch bei Konrad die Sehnsucht nach religiöser Einkehr. Er zog sich in die Hütte des Großvaters zurück, lebte asketisch und starb am 5. März 1559. Gebete an seinem Grab sollen Wunder gewirkt haben.

Johann Joseph vom Kreuz

Vielleicht veranlasste der Wohlstand seiner Familie Carolo Gaetano Calosirto, geboren auf Ischia 1654, der Welt zu entsagen. Nachdem er 16-jährig zu den Franziskanern in Neapel gegangen war und den Namen Johann Joseph vom Kreuz erhalten hatte, zeichnete er sich lebenslang durch betonte Einfachheit und Strenge gegen sich selbst aus. Gegenüber den Brüdern, die ihm anvertraut waren, bewies er hingegen Milde. 1702 zum Provinzial der Reformklöster Italiens ernannt, starb Johann Joseph am 5. März 1734.

Conon, Märtyrer in Pamphylien (3. Jh.); Gerasimos vom Jordan, Einsiedler (5. Jh.); Lucius I., Bischof von Rom (3. Jh.); Virgilius, Bischof von Arles (6./7. Jh.)

6.

Fridolin von Säckingen

Der Legende nach kam Fridolin um 500 aus Irland auf den Kontinent, stellte in Poitiers eine zerstörte Hilarius-Kirche wieder her und zog dann an den Oberrhein, wo ihm König Chlodwig I. eine Rheininsel bei Säckingen geschenkt hatte. Hier errichtete Fridolin ein Kloster und machte es zu einer Insel des Gebets. Und von hier aus missionierte er das alemannische Gebiet. 538 starb er. Am Sonntag nach dem Fridolinstag feiert Säckingen alljährlich sein Andenken mit einer Prozession und einem Volksfest.

Rosa von Viterbo

Schon das Kind schien in einer Sonderbeziehung zum Himmel zu stehen: Rosa, geboren um 1233 als Tochter einer sehr armen Familie in Viterbo, erlebte Verzückungen und Visionen. 1250 wurde sie Franziskaner-Terziarin, die Aufnahme in den Klarissenorden aber verweigerte man ihr wegen ihrer Armut. Darüber brach Rosa das Herz; sie starb 18-jährig am 6. März 1252. Sechs Jahre später wurde ihr unverwester Leichnam in die Klosterkirche überführt. Seitdem wird dieser Translationstag mit einem Fest begangen.

Agnes (Anezka) von Böhmen, Königstochter und Äbtissin in Prag (13. Jh.); Chrodegang, Bischof von Metz (8. Jh.); Julianus, Erzbischof von Toledo (7. Jh.)

7.

Perpetua

Besonders in schwierigen Zeiten griffen die römischen Kaiser gern zum Ablenkungsmittel der Christenverfolgungen: Um 200 nutzte auch Septimius Severus die Christen als Sündenböcke. In Karthago fiel seinem Wüten die vornehme Perpetua zu Opfer, die sich auf die christliche Taufe vorbereitete. Sie wurde mit anderen Täuflingen, darunter ihre Sklavin Felicitas, am 7. März 202 im Zirkus wilden Tieren vorgeworfen. Trotz schwerster Verletzungen überlebten die Frauen; der Henker erstach sie schließlich.

Ardo Smaragdus, Priester (9. Jh.); Paul der Einfältige, Eremit (4. Jh.); Teresia Margareta vom Heiligen Herzen Jesu (Anna Maria Redi), Nonne (18. Jh.)

8. Johannes von Gott

Er starb am 8. März 1550, seinem 55. Geburtstag: Von seinem Ursprung im portugiesischen Montemór o Novo (südöstlich von Lissabon) und im Militär hatte sich Johannes weit entfernt. Eine Predigt des eiligen Johannes von Ávila hatte ihm 1538 klar gemacht, dass er um seiner Nächsten willen von Gott gesandt war. Er gründete 1540 ein Krankenhaus in Granada und eine Gemeinschaft von Pflegern, die sich zum Orden der Barmherzigen Brüder entwickelte. Johannes ist Patron der Krankenhäuser und ihres Personals.

Bermund (Veremundus), spanischer Mönch (11. Jh.); Hunfried (Humfried), Bischof von Thérouanne (9. Jh.); Provinus, Bischof von Como (5. Jh.)

9. Brun(o) von Querfurt

Auch die entfernteren Verwandten des sächsischen Kaiserhauses wurden zu Reichsdiensten herangezogen. So bat Otto III. seinen Vetter Brun (* Querfurt 974) im Jahr 1001 die Mission in Polen zu übernehmen. 1004 zum Erzbischof von Magdeburg ernannt, predigte Brun zunächst in der Ukraine. Erst 1008 kam er nach Polen, hatte aber wenig Erfolg und wandte sich nach Russland. Bei Lötzen (Gyzicko) in Ostpreußen geriet er mit 18 Gefährten in einen Hinterhalt und wurde von heidnischen Kriegern enthauptet.

Francesca Romana (Franziska von Rom)

Damit ihre zu religiöser Verzückung neigende Tochter Francesca gar nicht erst auf klösterliche Gedanken käme, verheirateten die Eltern das elfjährige Kind schon 1395. 40 Ehejahre und sechs Kinder konnten den

Wunsch nach geistlicher Einkehr nicht verdrängen: Nach dem Tod ihres Mannes trat Francesca 1436 in den Orden der Olivetanerinnen in Rom ein und widmete sich der Krankenpflege und der Armenfürsorge. 1925 ernannte sie Papst Pius XI. neben Christophorus und Elia zur Schutzheiligen der Autofahrer.

Barbara Pfister, Mystikerin (19./20. Jh.); Dominikus Savio, Lieblingsschüler Don Boscos (19. Jh.); Katharina, Äbtissin in Bologna (15. Jh.); Pacian, Bischof von Barcelona (4. Jh.)

John Ogilvie

10.

Er starb 35-jährig am 10. März 1615 für seinen katholischen Glauben im protestantischen Glasgow am Galgen: John Ogilvie, der aus calvinistischem Elternhaus im schottischen Drum stammte. Mit 17 aber war er konvertiert und zwei Jahre später dem Jesuitenorden beigetreten. In der Folgezeit studierte er auf dem Kontinent (Regensburg, Wien, Paris) und kehrte dann heimlich in die Heimat zurück. 1614 wurde er verraten und verhaftet. Trotz Folter weigerte er sich abzuschwören. 1976 sprach ihn Paul VI. heilig.

Attala, Abt in Bobbio (7. Jh.); Johannes de Cellis, italienischer Einsiedler (14. Jh.); Maria Eugenia von Jesus (Marie Eugénie Milleret de Brou), Ordensgründerin (19. Jh.)

11.

Heinrich Hahn

„Apostel im Laienkleid" nannten manche den aus Aachen stammenden Arzt Heinrich Hahn, geboren 1800, weil er sich intensiv um die Zulassung eines deutschen Zweiges des Franziskus-Xaverius-Vereins kümmerte. 1837 erhielt Hahn die Bestätigung für diese karitative Einrichtung, die sich danach rasch über Deutschland ausbreitete. Hahn, der sich auch sozialpolitisch im preußischen Landtag und als Stadtrat von Aachen engagierte und dort am 11. März 1882 starb, stand schon zu Lebzeiten im Ruf der Heiligkeit.

Johannes Baptista Righi

Er war nicht wie die anderen Jungen: Giovanni (Johannes) Baptista Righi, geboren 1469 in Fabriano (Ancona), empfing schon mit 15 Jahren die Priesterweihe. Er trat in den Franziskanerorden ein, zog sich aber auch da zurück, da er ganz in der Einsamkeit seinem Gott dienen wollte. Wenn er nicht gerade in seiner Einsiedelei betete oder in religiöser Versenkung verharrte, kümmerte er sich aufopferungsvoll um Arme und Kranke. Er starb am 11. März 1539. An seinem Grab sollen sich Wunder ereignet haben.

Aengus, irischer Eremit (9. Jh.); Konstantin II., schottischer König und Märtyrer (6. Jh.); Sophronius, Bischof von Jerusalem (7. Jh.)

12.

Fina

Die Stadt San Gimignano ragt mit ihren Geschlechtertürmen empor, unter ihren Bewohnern gewann ein junges Mädchen hohen Rang: Fina, 1238 als Tochter armer Eltern geboren, teilte das wenige, was sie hatte, mit anderen Armen und pflegte trotz eigener schwerer Krankheiten andere Kranke. Als sie 15-jährig am 12. März 1253 starb, wurde sie bereits als Heilige verehrt. Sie ist Patronin ihrer Heimatstadt. Ein wundervolles Fresko von Ghirlandaio erinnert im Dom von San Gimignano an die Frühvollendete.

Innozenz I., Bischof von Rom (4./5. Jh.); Justina Francucci Bezzoli, Einsiedlerin (13./14. Jh.); Paulus Aemilianus, Missionar (6. Jh.)

13.

Leander

Er kam um 545 in Cartagena (Spanien) zur Welt, also in einer Zeit, als die arianischen Westgoten sich auf der Iberischen Halbinsel festsetzten: Der aus römischer Familie stammende Leander war Benediktinermönch und bemühte sich, die neuen Herren seiner Heimat zum katholischen Glauben zu bekehren. Seit 583 Erzbischof von Sevilla, gewann Leander Einfluss auf

König Rekkared und konnte die Westgoten für die Kirche gewinnen. Von Papst Gregor dem Großen mit dem Pallium ausgezeichnet, starb Leander im Jahr 600.

Agnellus von Pisa, Ordensgründer (13. Jh.); Françoise Tréhet, französische Märtyrerin (18. Jh.); Petrus II., Abt in La Cava (12./13. Jh.)

14.

Mathilde

Sie war so freigebig, dass sie der Verschleuderung geziehen wurde. Mathilde, Tochter eines sächsischen Grafen, ließ sich davon nicht beirren und behielt ihre Armenfürsorge auch bei, als sie 909 Ehefrau des Sachsenherzogs Heinrich und dieser 919 deutscher König geworden war. Fünf Kindern, darunter dem späteren Kaiser Otto I., schenkte sie das Leben; der Kirche schenkte sie Klostergründungen wie Engern, Nordhausen und Quedlinburg, wo sie nach ihrem Ende am 14. März 968 neben ihrem Mann beigesetzt wurde.

Eva von Lüttich, Einsiedlerin (13. Jh.); Jakob Cusmano, Ordensgründer (19. Jh.); Leobin (Lubin), Bischof von Chartres (6. Jh.); Paulina von Paulinzella, Klostergründerin (11./12. Jh.)

15.

Klemens Maria Hofbauer

Zunächst war Hofbauer, geboren 1751 und Johannes getauft, Bäcker. Erst spät konnte er in Wien Theologie studieren und 1784 Priester werden. Dem Redemptoristenorden beigetreten, nahm er den Namen Klemens Maria an und lehrte 20 Jahre in Warschau. 1808 kehrte nach Wien zurück und sammelte mit seiner wuchtigen Beredsamkeit eine große Gemeinde um sich, was ihm den Beinamen „Apostel von Wien" eintrug. Er starb am 15. März 1820; die Gebeine des Patrons von Wien ruhen in der Kirche Maria am Gestade.

Louise de Marillac

Die Sozialarbeiter haben in ihr die Schutzheilige: Louise de Marillac, geboren 1591 in Paris, begegnete nach 12-jähriger Ehe Vinzenz von Paul und gründete mit ihm 1633 den Orden der Barmherzigen Schwestern („Filles de la Charité"), die Vinzentinerinnen. Bis zu ihrem Tod am 15. März 1660 leitete sie das Pariser Mutterhaus und opferte sich ganz der Pflege Alter und Kranker auf. Die von ihr begründete Kongregation ist heute der größte Frauenorden der Welt. Louise wurde 1934 von Pius XI. heiliggesprochen.

Lukretia, spanische Märtyrerin (9. Jh.); William Hart, englischer Priester und Märtyrer (16. Jh.); Zacharias, Papst (8. Jh.)

16.

Heribert

Ob Heribert vom Schrein begeistert gewesen wäre, der 160 Jahre nach seinem Tod am 16. März 1021 für seine Gebeine gefertigt wurde? Der Prunk hätte dem mächtigen, aber bescheiden gebliebenen Gottesmann wohl widerstrebt. Der 970 in Worms geborene Heribert war befreundet mit Kaiser Otto III., der ihn

994 zum Kanzler machte und ihn 999 zum Erzbischof von Köln ernannte. Seine Residenzstadt betrat Heribert barfuß, widmete sich der Armenfürsorge und stiftete 1003 die Abtei in Deutz, wo er beigesetzt wurde.

Eusebia, Äbtissin in Nivelles (7. Jh.); Jean de Brébeuf, französischer Missionar und Märtyrer (17. Jh.)

17.

Gertrud von Nivelles

Die Heilige wird gern mit Mäusen dargestellt, da sie mit einem Gebet eine Mäuse- und Rattenplage beendete und die Ernte rettete; sie ist daher auch Patronin der Garten- und Feldfrüchte: Gertrud kam 626 als Tochter Pippins des Älteren zur Welt, trat in das von der Mutter gegründete belgische Kloster Nivelles ein und folgte ihr 652 als Äbtissin. Sie kümmerte sich besonders um Krankenfürsorge und Sterbebegleitung, weswegen später zahlreiche Hospitäler ihren Namen trugen. Sie wurde nur 33 Jahre alt.

Patrick

Aus Britannien um 400 als 16-Jähriger nach Irland verschleppt, fand Patrick (Patricius) nach Jahren heim, aber keine Ruhe: Er beschloss, Irland den christlichen Glauben zu bringen. 432 kehrte er dorthin zurück und missionierte vor allem den Norden und Westen und schuf die Organisation der iroschottischen Kirche. Der „Apostel Irlands" starb um 461 als Bischof der Insel, die ihn als ihren Schutzheiligen verehrt. Der 17. März ist Patricks- und Nationalfeiertag. Patrick ist zudem Patron der Bergleute und Friseure.

Agricola, Bischof von Chalon-sur-Saône (6. Jh.); Gabriel Lalemand, Jesuit (17. Jh.); Konrad von Bayern, Mönch (12. Jh.)

März

18.

Cyrillus

Auf ihn geht der Begriff „Wandlung" für das Geschehen in der Eucharistiefeier zurück: Cyrillus, um 315 geboren, war ein gebildeter Priester und beliebter Prediger, jedenfalls bei seiner Gemeinde, der er seit 350 als Bischof vorstand. Andere beneideten ihn und versuchten ihn in Misskredit zu bringen. Sogar Unterschlagung wurde ihm unterstellt, weil er viel für die Armen tat. Mehrmals musste er in die Verbannung. Er starb am 18. März 386 in Jerusalem. Leo XIII. erhob Cyrillus 1883 zum Kirchenlehrer.

Anselm II., Bischof von Lucca (11. Jh.); Eduard von England, Märtyrer (10. Jh.); Martha (Amata) de Bouteiller, Nonne (19. Jh.); Salvador von Horta (Grionesos), Laienbruder (16. Jh.)

19.

Joseph von Nazareth

Mit dem Bräutigam der Gottesmutter und Nähr- oder Ziehvater Jesu haben es die Theologen nicht leicht: Joseph war um die Zeitenwende Zimmermann in Nazareth, wollte sich von der schwangeren Maria trennen, wurde aber im Traum von einem Engel in deren Geheimnis eingeweiht und lebte weiter mit ihr in „jungfräulicher" Ehe. Erst 1497 wurde das Fest des heiligen Joseph eingeführt und 1621 zum gebotenen Feiertag erhoben. 1870 schließlich erklärte Papst Pius IX. Joseph zum Schutzpatron der gesamten Kirche.

Sibyllina Biscossi

Im Jahr 1299 als Zwölfjährige erblindet, schloss sich die aus Pavia stammende Sibyllina Biscossi bald darauf dem Dritten Orden des heiligen Dominikus an. Sie zog dann aber in eine Zelle neben der Klosterkirche und lebte dort ganz dem Gebet und der gläubigen Versenkung. Menschen aus allen Schichten und von weit her suchten die schon zu Lebzeiten als Heilige verehrte Einsiedlerin auf und erbaten ihren Rat. 1367 starb Sibyllina, die in Italien bis heute als Schutzpatronin der Mägde gilt.

Isnard von Chiampo (oder Vicenza), Klostergründer (13. Jh.); Marcus von Montegallo, Mönch (15. Jh.); Marcel Callo, Märtyrer (KZ Mauthausen 1945)

20.

Cuthbert

Der um 635 geborene Schotte Cuthbert, deutsch: Gisbert, trat 651 ins Benediktinerkloster Melrose ein, dessen Leitung er zehn Jahre später übernahm. 664 wechselte er ins Kloster Lindisfarne, wo er bis 676 wirkte. Danach zog er sich in eine Einsiedelei zurück, die er 684 wieder verließ, als er zum Bischof von Hexham und im Jahr darauf zum Bischof von Lindisfarne berufen wurde. Erneut floh er aus der Welt und starb am 20. März 687 auf der Insel Farne. An seinem Grab dort sollen sich Wunder ereignet haben.

Baptista Spagnoli (Mantuanus), Mönch (15./16. Jh.); Clemens von Irland (Scotus), Mönch (8./9. Jh.); Irmgard, Kaiserin und Klostergünderin (9. Jh.)

21. Johannes von Valence

Er begann seine geistliche Laufbahn im berühmten Citeaux, dem Mutterkloster der Zisterzienser: Johannes bewies dort Umsicht und qualifizierte sich für den Posten des Abts im neugegründeten Kloster Bonneveaux, wohin er 1118 wechselte. Papst Innozenz II. war auf ihn aufmerksam geworden und berief ihn 1141 auf den Bischofsstuhl in Valence südlich von Lyon. Dort amtierte Johannes bis zu seinem Tod am 21. März 1145 und machte sich durch Mildtätigkeit und als mitfühlender Seelsorger einen Namen.

Benedicta Cambiagio Frassinello, Ordensgründerin (19. Jh.); Lupicinus von Condat, Klostergründer (5. Jh.); Thomas Pilchard, englischer Märtyrer (16. Jh.)

22. Joseph (José) Oriol

Den Armen und Kranken galt seine ganze Fürsorge: Der 1650 in Barcelona geborene Joseph Oriol hatte Theologie studiert, mit 24 den Doktor gemacht und war zwei Jahre später zum Priester geweiht worden. Nach einer Wallfahrt in die Heilige Stadt wurde er Stiftsvikar an der Kirche S. Maria del Pino in seiner Heimatstadt, ein Amt, das er bis zu seinem Tod am 22. März 1702 ausübte. Die Kraft zu seinem karitativen Tun gewann er aus der Zwiesprache mit Gott, der ihm die Gabe der Wunderheilung verliehen hatte.

Basilius von Ankara, Märtyrer (4. Jh.); Franciscus Chartier, Märtyrer in der Französischen Revolution (18. Jh.); Lea, Witwe und Äbtissin in Rom (4. Jh.); Bronislaw Komorowski, Priester (1942 im KZ Stutthof ermordet)

23. Toribio Alfonso Mongrovejo

Sein Leben überspannte die halbe Weltkugel: Geboren 1538 in Mayorga (Nordwestspanien), studierte Toribio in Valladolid, wurde 1575 zum Inquisitor in Granada und vier Jahre später zum Erzbischof von Lima ernannt. Dort amtierte er bis zu seinem Tod am 23. März 1606, ordnete die Kirchenstruktur auf 13 Diözesansynoden und drei Provizialkonzilen und kümmerte sich um die Mission der indianischen Stämme. Von einer Reise in ein entlegenes Dorf kehrte er nicht mehr lebend zurück. Er ist Patron von Lima und Peru.

Edmund Sykes, englischer Märtyrer (16. Jh.); Rebekka Ar Rayès, libanesische Nonne (19./20. Jh.); Victorianus, Märtyrer (5. Jh.)

24.

Katharina von Schweden

Die Tochter der schwedischen Nationalheiligen Birgitta tat viel für die Etablierung des von dieser gegründeten Birgittenordens: Katharina, 1331 zur Welt gekommen, heiratete, lebte aber in „jungfräulicher" Ehe. Als ihr Mann 1349 starb, schloss sich Katharina ganz der Mutter an, machte mit ihr 1372 eine Wallfahrt ins Heilige Land und übernahm 1374 das Kloster in Vadstena (Östergötland). Sie betrieb die Heiligsprechung Birgittas und erlangte 1378 die päpstliche Anerkennung ihrer Ordensregel († 24.3.1381).

Aldemar, Abt in Capua und Benevent (11. Jh.); Elias, Prämonstratenser-Abt in Rommersdorf (12./13. Jh.); Johannes von Baculo, Mönch (13. Jh.)

25.

Dismas

Die Bilder von Christi Kreuzigung zeigen rechts und links von ihm Kreuze, an denen die so genannten Schächer hingerichtet wurden. Der rechts von Jesus hieß der Legende nach Dismas; er bereute in letzter Stunde, worauf Jesus ihm prophezeite: „Wahrlich ich sage dir: Heute wirst du mit mir im Paradiese sein." Damit gehörte Dismas mit Johannes dem Täufer sowie Adam und Eva zu den ersten Erlösten. Er wird als Patron der zum Tod Verurteilten sowie der Fuhrleute verehrt und um einen leichten Tod gebeten.

Lucia Filippini

In der Erziehung katholischer junger Mädchen spielt der Orden „Maestre Pie Filippini“ eine bedeutende Rolle. Name und Ordnung gehen auf die Gründerin Lucia Filippini, geboren bei Rom 1672, zurück. Sie ergriff Ende des 17. Jahrhunderts die Initiative zur Gründung einer solchen Gemeinschaft, die sich auch um Bräute und junge Frauen kümmerte und seit 1704 unter der Leitung Lucias stand. Die 1930 Heiliggesprochene starb am 25. März 1732 in Montefiascone (Viterbo); ihre Gebeine ruhen im Dom der Stadt.

Eberhard von Nellenburg, Klostergründer (11. Jh.); Prokopius von Sázava (von Böhmen), Einsiedler und Abt (11. Jh.); Quirinus, Märtyrer in Rom (1. Jh.)

26. Liudger (Ludger)

Die Stadt Münster verdankt dem heiligen Liudger den Namen. Der gebürtige Friese (* 742) war 777 in Köln zum Priester geweiht und von Karl dem Großen mit der Missionierung des heute Westfalen umfassenden Gebiets betraut worden. Dort gründete Liudger ein Kloster, lateinisch „monasterium“, weswegen die bald darum entstehende Stadt Münster genannt wurde. Weitere Klöster rief Liudger in Helmstedt und Werden an der Ruhr (Essen-Werden) ins Leben, wo er nach dem Tod am 26. März 809 beigesetzt wurde.

Castulus, Märtyrer in Rom (3. Jh.); Felix, Bischof von Trier (3. Jh.); Maxima, Märtyrerin in Sirmium (3./4. Jh.); Petrus, Bischof von Sebaste (4. Jh.)

27.

Frowin

Erste geistliche Erfahrungen sammelte Frowin als Benediktinermönch in St. Blasien im Schwarzwald. 1146 wurde er zum Abt in Engelberg (Schweiz) ernannt. Dort richtete er eine Schreib- und Malschule ein, die bald zu den besten landauf wie landab gehörte. Von Frowins eigenen Werken blieben zwei erhalten: „De Oratione Dominica“ (Über das Gebet des Herrn) und „De laude liberi arbitrii libri septem“ (Sieben Bücher zum Lob des freien Willens). Frowin starb am 27. März 1178; sein Grab in der Klosterkirche ist erhalten.

Haimo, Bischof von Halberstadt (9. Jh.); Louis Édouard Céstac, französischer Ordensgründer (19. Jh.); Peregrinus von Falerone, Einsiedler (13. Jh.)

28.

Guntram

Dass ein Politiker auf Diplomatie statt auf Gewaltlösungen setzt, wäre heute kaum erstaunlich. Zu Guntrams Zeit aber und bei seinen Mitteln muss ihm das hoch angerechnet werden. Der um 525 geborene Sohn Chlotars I. war fränkischer König von Burgund, Arles und Marseille. Auch in der Innenpolitik bewies er Gespür für die Nöte der Menschen, förderte Klöster und Kirchen und lebte selbst recht bescheiden. Entsprechend hoch war sein Ansehen bei den Untertanen. Er starb am 28. März 592 in Chalon-sur-Saône.

Gundelindis, Äbtissin in Niedermünster (7./8. Jh.); Johanna Maria de la Maillé, französische Einsiedlerin (14./15. Jh.); Josef Sebastian Pelczar, Bischof von Przemysl (19./20. Jh.)

März

29. Berthold von Kalabrien

Er kam aus dem südfranzösischen Salignac bei Limoges, wurde aber wie viele abendländische Einwanderer in Palästina Berthold von Kalabrien genannt: Er war 1147 mit den Rittern des gescheiterten 2. Kreuzzugs ins Heilige Land aufgebrochen und hatte sich als Einsiedler auf dem Berg Karmel niedergelassen. Die dort von ihm gebildete Mönchsgemeinschaft überdauerte seinen Tod im Jahr 1195, wurde 1226 von Papst Honorius III. anerkannt und nannte sich danach „Brüder Unserer lieben Frau vom Berg Karmel".

Eustasius, Bischof von Neapel (3. Jh.); John Hambley, englischer Märtyrer (16. Jh.); Ludolf, Bischof von Ratzeburg und Märtyrer (13. Jh.)

30. Johannes Klimakos

Der erst 16 Jahre alte Johannes aus Palästina, geboren um 570, schloss sich einer Gruppe von Einsiedlern auf dem Sinai an. Später zog er sich allein in eine Höhle zurück. Die hier gewachsenen Erkenntnisse über die Tugend fasste er im Werk „Climax" (Die Leiter) zusammen, das in 30 Kapiteln, den 30 Lebensjahren Jesu vor dem öffentlichen Auftreten entsprechend, den Weg dorthin weist; daher der Beiname. Nach 638 war er vier Jahre Abt des Katharinenklosters, zog sich erneut zurück und starb am 30. März 649.

Amadeus IX. von Savoyen, Wohltäter (15. Jh.); Diemut von Wessobrunn, Klausnerin (11./12. Jh.); Leonardo Murialdo, Ordensgründer (19. Jh.)

Bonaventura von Forlì

Wenn er sprach, fühlten sich die Menschen erhoben oder sie wanden sich in Gewissensqualen. Der im norditalienischen Forlì bei Rimini 1410 geborene Bonaventura hieß bürgerlich Tornielli, studierte und trat dem Servitenorden bei. Er wurde Prior in Rom und zog mit seinen wortgewaltigen Bußpredigten die Menschen an, die sich nach Orientierung sehnten. 1488 wurde Bonaventura trotz seines hohen Alters noch Generalvikar des Ordens und starb am 31. März 1491 in Udine (Friaul); sein Kult wurde 1911 bestätigt.

Guido von Pomposa

In Speyer feiert man ihn am 4. Mai, sonst am 31. März, seinem Todestag, und dieser Unterschied entstand so: Guido, um 970 in Casamar bei Ravenna geboren, trat als junger Mann ins Kloster von Pomposa südlich von Venedig ein, wurde Abt und entfaltete eine reiche Reformtätigkeit. Sein Ruf drang bis zu Kaiser Heinrich III., der Guido 1046 zu sich nach Piacenza rief, doch starb der alte Mönch auf der Reise dorthin. Heinrich überführte seine Gebeine nach Speyer, wo sie am 4. Mai 1047 beigesetzt wurden.

Agilophus, Bischof von Köln (8. Jh.); Balbina, Märtyrerin in Rom (2. Jh.); Natalia Tulasiewicz, polnische Märtyrerin (KZ Ravensbrück 1945)

April

1.

Hugo

Nur zwei Jahre nach seinem Tod wurde er heiliggesprochen, nachdem er ein halbes Jahrhundert lang amtiert hatte: Hugo von Grenoble (Dauphiné), geboren 1053 und schon 1080 Bischof. Nach einer Auszeit von zwei Jahren im Kloster Chaise-Dieu auf päpstlichen Befehl ins Amt zurückgekehrt, schenkte er 1084 Bruno von Köln das Gelände für die Gründung der Kartause (Chartreuse), die Hugo bis zu seinem Ende am 1. April 1132 förderte. Er selbst trat zwar nie in den Orden ein, wird aber oft als Kartäuser abgebildet.

Cäsarius von Speyer, Franziskaner-Provinzial (13. Jh.); Gilbert, schottischer Bischof (13. Jh.); Walarich (Valéry), Abt in Leuconet (6./7. Jh.)

2.

Aphianus

Er studierte die Rechte in Berytus (Beirut) und fand zum rechten Glauben: Der aus heidnischer Familie in Lykien stammende Aphianus (* um 285) musste nach seiner Bekehrung vor den Verwandten fliehen, lebte danach in Jerusalem und ging in der Christenverfolgung des Kaisers Maximinus Daia in die Offensive: Er hinderte den Statthalter in Caesarea am heidnischen Opfer. Das führte zu seiner Verhaftung und Tötung durch Ertränken im Meer. Ein Erdbeben soll in diesem Moment die Stadt erschüttert haben.

Franz von Paola

Die strengen Regeln der Minderbrüder (Minoriten) waren ihm noch zu lax: Der 1416 in Paola bei Neapel geborene Franz verließ bald nach der Aufnahme bei den Franziskanern das Kloster und ging in die kalabrische Einsamkeit. Viele kamen, die ebenso leben wollten, völlig spartanisch und vegetarisch. 1454 gründete Franz ein Kloster für seine „Mindesten Brüder“ (Minimen oder Paulaner). An den Hof des französischen Königs gerufen, erhielt er in Plessis-les-Tours ein Kloster und starb dort am 2. April 1507.

Maria von Ägypten

Der Legende nach war die heilige Maria von Ägypten 17 Jahre lang in Alexandria um 400 „anschaffen" gegangen. Bei einer Wallfahrt nach Jerusalem bekehrt, entsagte Maria der Welt, ging über den Jordan und lebte dann 46 Jahre als Einsiedlerin in der Wüste. Als ihr der Mönch Zosimus die heilige Kommunion bringen wollte, war der Fluss zu reißend. Maria sprach ein Gebet und schritt übers Wasser zu ihm und zurück. Nach ihrem Tod wurde sie von einem Löwen begraben. Sie ist Patronin der reuigen Sünderinnen.

Eustasius, Abt in Luxeuil (7. Jh.); Francisco Col y Guitard, spanischer Ordensgründer (19. Jh.); Leopold von Gaiche, Franziskaner-Provinzial (18./19. Jh.); Sandrina, italienische Klostergründerin (15. Jh.)

3.

Aloisius (Luigi) Scrosoppi

Er kam 1804 in Udine (Friaul) zur Welt, wo er am 3. April 80 Jahre später auch starb. Er wirkte aber über die heimische Region und über seine Zeit hinaus: Luigi, als Ordensmann Aloisius genannt, war 1827 Priester geworden und beteiligte sich am Aufbau eines Waisenhauses. Er warb Spenden und gründete die „Gemeinschaft der Schwestern der Vorsehung", die bis heute tätig ist. Auf Fürbitte des 2003 heiliggesprochenen Aloisius – Motto: „Arbeite, leide und schweige" – wurde 1986 ein Aids-Kranker geheilt.

Richard von Chichester

Aus dem Juristen wurde nach dem Tod seines Gönners Erzbischof Edmund von Canterbury 1240 der Theologe Richard, geboren um 1198 in Worcestershire. Schon 1244 erhielt er die Berufung zum Bischof von Chichester, konnte aber wegen eines Konflikts mit dem König seinen Amtssitz lange nicht übernehmen und verwaltete seinen Sprengel sozusagen ambulant. Das brachte ihm große Bürgernähe und Beliebtheit beim Volk, und entsprechende Resonanz fanden seine Aufrufe zu einem Kreuzzug. Richard starb am 3. April 1253.

Gandolf Sacchi von Binasco, Einsiedler (13. Jh.); Joseph der Hymnenschreiber, Mönch (9. Jh.); Thiento von Wessobrunn, Abt und Märtyrer (10. Jh.)

4.

Isidor von Sevilla

Kaum einer hat so von und für die Erkenntnis gelebt, dass Glauben und Wissen keine Gegensätze sind, wie Isidor, der um 560 in Cartagena geborene Nationalheilige Spaniens. Er war um 600 seinem Bruder Leander als Erzbischof von Sevilla nachgefolgt, hatte für bessere Ausbildung des Klerus gesorgt und in seiner 20-bändigen „Etymologiae" das Wissen seiner Zeit zusammenzufassen gesucht. Am 4. April 636 verstorben, wurde er 1598 heiliggesprochen, 1729 zum Kirchenlehrer und 2001 zum Patron des Internets erhoben.

Benedikt der Mohr

Die Eltern des aus Messina stammenden Franziskaner-Mönchs Benedikt waren als Sklaven aus Äthiopien verschleppt worden. Der um 1526 geborene Sohn ging ins Kloster, wo er aufgrund seiner Bescheidenheit so beliebt wurde, dass ihn die Brüder zum Abt wählten. Das wurde vom Papst anulliert, angeblich weil der Vorsteher lesen und schreiben können müsse, was Benedikt nie gelernt hatte. Ihm war die Verbannung in die Küche durchaus recht. Bei seinem Tod am 4. April 1589 strömten die Menschen massenhaft zum Kloster.

Francisco Marto, kindlicher Seher in Fatima (20. Jh.); Heinrich Richter, Priester und Märtyrer (KZ Ohrdruf 1945); Guglielmo Cuffitelli, Einsiedler (14./15. Jh.)

5.

Katharina Tomás

Im Jahr 1930 sprach Papst Pius XI. eine Frau heilig, die zu Lebzeiten Bewunderung und Befremden ausgelöst hatte: Um 1531 in Palma de Mallorca geboren, trat die schon als Kind von religiösen Visionen heimgesuchte Katharina Tomás in den Orden der Augustiner-Chorfrauen ein, entwickelte ihre mystische Begabung und kämpfte mit für die Schwestern schwer begreiflichen Versuchungen. Sie starb in Palma am 5. April 1574 und wurde schon bald nach dem Ende als Schutzheilige der Balearen-Insel verehrt.

Vinzenz Ferrer

Er stellte gewagte Behauptungen auf, sprach vom nahen Weltende und verkündete, Judas habe sich bekehrt: Vinzenz Ferrer, geboren um 1350 in Valencia, scheute sich aber auch nicht, Irrtümer einzuräumen. Er war als 17-Jähriger Dominikaner und bald darauf zum Priester geweiht geworden. Seit etwa 1400 zog Bruder Vinzenz unermüdlich als Bußprediger durch Frankreich. Am 5. April 1419 ereilte ihn der Tod in der Bretagne. Er ist Patron vieler Berufszweige und wird bei Epilepsie und Fieber angerufen.

Gerhard (Gerald) von Sauve-Majeure, Klostergründer (11. Jh.); Irene von Thessaloniki, Märtyrerin (3./4. Jh.); Maria Kreszentia (Anna) Höß, Mystikerin (18. Jh.)

6.

Notker Balbulus

Eine bemerkenswerte Karriere für einen Menschen mit einer Sprachstörung: Schon als Kind (* um 840) konnte Notker, Sohn einer Schweizer Adelsfamilie, nicht flüssig sprechen, wurde von den Kameraden gehänselt und mit dem Spottnamen „Balbulus" (= der Stammler) belegt. Vielleicht zog es ihn deswegen ins Kloster Sankt Gallen und zur Bidung, die ihm die Berufung zum Leiter der Klosterschule brachte. Sie wurde zu einer Kulturinstitution und Notker zum gefragten Gelehrten. Er starb am 6. April 912 im Kloster.

Petrus Martyr

1205 als Sohn albigensischer Eltern in Verona geboren, besuchte Petrus eine katholische Schule und trat 16-jährig in den Dominikanerorden ein. Er machte Karriere, doch seine Bedeutung gewann er als fesselnder Prediger, dem die Menschen in Scharen zuströmten. Das rief Neider auf den Plan, die Petrus am 6. April 1252 nahe Mailand überfallen und erstechen ließen. Er schrieb sterbend das Wort

„credo“ (= ich glaube) in den Sand. Er ist Patron der Lombardei und wird bei Kopfleiden und Unwetter angerufen.

Eutychius, Bischof von Konstantinopel (6. Jh.); Juliana von Montcornillon, Priorin (13. Jh.); Michele Rua, italienischer Ordensoberer (19./20. Jh.)

7.

Jean (Johann) Baptist de la Salle

1651 in Reims geboren, 1678 Priesterweihe: Jean Baptist de la Salle gründete aus Sorge um die Verwahrlosung der Kinder aus den armen Familien 1679 eine Freischule, nahm die Lehrer im eigenen Haus auf, führte als Unterrichtssprache Französisch statt Latein ein und schuf ein Klassensystem nach Alter. Seine Lehrergemeinschaft der „Brüder der christlichen Schule“ wuchs zusehends und legte den Grund für das französische Volksschulwesen. Der Gründer starb am 7. April 1719 in Rouen. Er ist Patron der Lehrer.

Georg, Bischof von Mytilene auf Lesbos (9. Jh.); Hermann Joseph von Steinfeld, Mystiker (12./13. Jh.); Maria Assunta Palotta, Franziskaner-Missionarin (19./20. Jh.)

8.

Julia Billiart

Sie soll Priester versteckt haben und sei sowieso eine Hexe: Die fromme Julia Billiart, geboren 1751 in Cuvilly (Picardie), war während der Revolution in höchster Gefahr. Dem Scheiterhaufen entging die nach einem Schockerlebnis gelähmte Frau nur knapp. Trotz der Behinderung gründete sie 1804 die Kongregation der „Schwestern Unserer Lieben Frau“ zur Mädchenerziehung, und wie durch ein Wunder wich nun auch die Lähmung. Julia, Ordensname Maria Rosa, starb am 8. April 1816; 1969 wurde sie heiligegesprochen.

Beata von Ribnitz, Nonne (14. Jh.); Dionysius der Große, Bischof von Alexandria (3. Jh.); Manegold von Obermarchtal, Prämonstratenser (12./13. Jh.)

9.

Casilda

Der strenge Vater, ein maurischer Emir, erwischte Casilda, wie sie christlichen Gefangenen Speisen bringen wollte, doch augenblicklich verwandelten sich diese in ihrer Schürze zu Rosen. Die heidnisch in Toledo aufgewachsene Casilda wurde durch Heilung vom Blutfluss in San Vicente zum Christentum bekehrt, lebte fortan als Einsiedlerin und bemühte sich, das Los der Gefangenen zu lindern. Die Patronin von Toledo starb 1075 in Briviesca bei Burgos, wo ihre Reliquien in der nach ihr benannten Kirche ruhen.

Konrad I.

Kaiser Heinrich V. hatte sich verrechnet, als er 1105 den 30 Jahre alten Konrad von Abensberg zum Erzbischof von Salzburg berief. Der aus bayerischem Adel stammende Mann war vorher loyaler Domherr in Hildesheim gewesen, stellte sich nun aber auf die Seite des Papstes im Streit um die Bischofseinsetzung (Investitur). Der Kaiser verbannte ihn daher, und erst 1121 konnte Konrad die rege Reformtätigkeit wieder aufnehmen, die ihm den Beinamen „zweiter Gründer der Salzburger Kirche“ eintrug († 9.4.1147).

Gaucherius, Prior in Saint-Jean-d'Aureil (11./12. Jh.); Thomas von Tolentino, Missionar in Armenien (14. Jh.): Waltraud, Klostergründerin in Castrilocus (Belgien, 7. Jh.)

10.

Magdalena von Canossa

Der frühe Verlust der Eltern spielte wohl eine Rolle beim Entschluss der Gräfin von Canossa (* 1774 in Verona), in den Karmeliter-Orden einzutreten und sich um verwahrloste Kinder in Verona zu kümmern, ihnen Heim und Ausbildung zu geben. Dafür gründete sie 1808 die Kongregation der Canossianerinnen oder der „Töchter von der Liebe". Magdalena fand Hilfe bei Kaiser Franz I. von Österreich; ihr Orden wurde noch vor ihrem Tod am 10. April 1835 anerkannt. Papst Johannes Paul II. sprach sie 1988 heilig.

Fulbert, Bischof von Chartres (10./11. Jh.); Marcus Fantuzzi, Franziskaner-Generalvikar (15. Jh.); Michael de Sanctis, spanischer Mystiker (17. Jh.)

11.

Gemma Galgani

Ihr Grabspruch: „Mehr durch Glut der Gottesliebe als durch Krankheit verzehrt." Treffender lässt sich das kurze Leben der 1940 heiliggesprochenen Gemma Galgani aus Camigliano (Toskana), geboren 1878, nicht beschreiben. Schon als Kind Vollwaise, erlebte Gemma 1899 ihre erste Ekstase, bei der sich Jesu Wundmale an ihrem Köper zeigten. Das wiederholte sich jeden Donnerstag unter Qualen, die Gemma in Demut ertrug: „Christus lebt in mir", sagte sie. In ihm starb sie am 11. April (Karsamstag) 1903.

Stanislaus

Ein blutiges Ende nahm einer der frühen Vorgänger von Papst Johannes Paul II. als Erzbischof von Krakau: Stanislaus, geboren 1030 und seit 1072 Bischof, hatte König Boleslaw erst wegen Sittenlosigkeit gerügt und dann exkommuniziert. Der Herrscher antwortete mit dem Todesurteil. Als seine Ritter die Vollstreckung verweigerten, überfiel er selbst den Bischof während einer Messe am 11. April 1079 und erschlug ihn. Das Volk vertrieb den Mörder, sein Opfer aber wird als Patron Polens bis heute tief verehrt.

Helena Guerra, italienische Ordensgründerin (19./20. Jh.); Rainer von Osnabrück, Einsiedler (12./13. Jh.); Sympronianus Ducki, polnischer Märtyrer (KZ Auschwitz 1942)

12.

Julius I.

Er war von 337 bis zu seinem Tod am 12. April 352 Bischof von Rom und tat viel dafür, dass dieses Amt eine Vorrangstellung in der Kirche gewann: Julius I. bekämpfte den Arianismus, der die Gottgleichheit Christi leugnete, und gewährte Athanasius, dem Feind des Arius, in Rom Asyl. In zwei Synoden sorgte er für die scharfe Verurteilung des Arius und dafür, dass der Bischof von Rom fortan Beschlüsse von Regionalsynoden annullieren konnte. Julius wurde schon bald von den Römern als Heiliger angesehen.

Zeno

Unter anderem wird der aus Mauretanien stammende heilige Zeno als Patron der Kinder verehrt, die schwer Gehen und Sprechen lernen. Darin spiegelt sich der Ruf des 362 zum Bischof von Verona gewählten großen Predigers, dass er sich aufopferungsvoll um Arme und Schwache gekümmert hat. Er amtierte bis zu seinem Tod am 12. April 372. Im 12. Jahrhundert errichtete man ihm zu Ehren über einem früheren Bau die Kirche S. Zeno Maggiore in Verona; ein imposantes Standbild darin erinnert an den guten Hirten.

Damian, Bischof von Pavia (7. Jh.); Giuseppe Moscati, italienischer Arzt (19./20. Jh.); Juanita Fernandez Solar, Karmelitin (Ordensname Teresa, 20. Jh.)

13.

Hermenegild

Als er sich weigerte, die Kommunion aus der Hand eines arianischen Bischofs anzunehmen, ließ ihn der Vater am 13. April 585 in Taragona enthaupten: Hermenegild, Sohn des Westgotenkönigs Leowigild in Spanien und verheiratet mit der katholischen Prinzessin Ingundis, hatte durch Bischof Leander von Sevilla und durch seine Frau zum rechten Glauben gefunden. Er wolle lieber die irdische Krone verlieren als die Jesu Christi, teilte er dem erbosten Vater mit, der ihn einkerkern ließ, aber nicht beugen konnte.

Euphemia, Märtyrerin in Chalcedon (3. Jh.); Ida von Löwen, flandrische Mystikerin (13. Jh.); Martin I., Papst (7. Jh.)

14.

Lidwina

„Die vor Leid Weinende“ – so hat man ihren Namen mitfühlend, aber wenig zutreffend übersetzt: Lidwina, geboren 1380 in Schiedam bei Rotterdam, erlitt mit 15 Jahren einen Sturz, der sie fürs Leben bettlägerig machte. Nebenerkrankungen wie Geschwüre und Blutfluss kamen hinzu, feste Nahrung konnte sie nicht mehr zu sich nehmen. Sie lebte bald nur noch von der Heiligen Kommunion, klagte aber nicht, denn so werde sie ja Christus immer ähnlicher. Nach 38-jährigen Qualen starb die Dulderin am 14. April 1433.

Benedikt (Bénézet), Hirte in Avignon (12. Jh.); Lambert, Erzbischof von Lyon (7. Jh.); Petrus González der Bekenner, spanischer Mönch (13. Jh.)

April

15. Cäsar von Bus

Zunächst wies nichts daraufhin, dass der 1544 in Cavaillon bei Avignon geborene Cäsar von Bus geistlich berufen sei. Erst als Mittdreißiger entdeckte er seinen Wunsch nach Abkehr vom Weltlichen, ging in ein Kloster, empfing 1582 die Priesterweihe und opferte sich ganz auf in Krankenpflege und Armenfürsorge. 1592 gründete er eine Kongregation der Weltpriester (keinem Orden angehörende Geistliche), erlangte päpstliche Anerkennung 1597 und starb nach mehrjähriger Krankheit am 15. April 1607 in Avignon.

Damian de Veuster, belgischer Priester (19. Jh.); Huna (Hunna), elsässische Wohltäterin (7. Jh.); Nidgar, Bischof von Augsburg (9. Jh.)

16. Bernadette Soubirous

Der Dichter Franz Werfel setzte ihr in einem großen Roman ein Denkmal: „Das Lied von Bernadette" (1941) singt von Frömmigkeit und Einfalt der Tochter des Müllers Soubirous in Lourdes. Dort kam sie 1844 zur Welt, sah 1858 in einer Grotte „die Dame", traf sich noch weitere 16 Male mit ihr, erkannte in ihr die Jungfrau Maria und lockte auf ihre Weisung eine Heilquelle hervor, an der sich viele Wunder ereigneten. Lourdes wurde zum wichtigsten Marien-Wallfahrtsort. Bernadette starb am 16. April 1879.

Benedikt (Bénoit) Josef Labre

Aus ihm wurde niemand so recht schlau: Schon als Kind zeigte der 1748 in Amette geborene Bénoit einen Hang zu Religion und Kirche. Er wollte aber nicht lernen, konnte also nicht Priester werden. Aus zwei Klöstern floh er. Schließlich nahm er ein Pilgerleben auf, das ihn an fast alle wichtigen Wallfahrtsorte Europas führte. Erschöpft brach er am 16. April 1783 in Rom in der Kirche S. Madonna dei Monte zusammen und starb. Zur dortigen Beisetzung des frommen Wanderers strömte eine riesige Menschenmenge.

Drogo (Drago), französischer Klausner (12. Jh.); Engratia, Märtyrerin in Saragossa (4. Jh.); Magnus von Schottland, Märtyrer (11./12. Jh.)

17.

Eberhard von Wolfegg

Viel über sein Leben ist nicht bekannt: Der Adelsspross Eberhard erhielt eine gute Ausbildung, wurde Kanonikus und trat in das Prämonstratenser-Kloster Rot an der Rot bei Memmingen ein. Der Abt ernannte ihn 1175 zum ersten Probst des Klosters Marchtal (heute Obermarchtal). Eberhard leistete harte Aufbauarbeit und stand dem Ordenshaus bis zu seinem Tod am 17. April 1183 vor. Ein schon bald darauf einsetzender Kult um den tatkräftigen Mönch zeugt von seiner großen Beliebtheit zu Lebzeiten.

Achatius, Bischof von Melitene in Kleinasien (5. Jh.); Robert, Abt in Molesme und Citeaux (11./12. Jh.); Robert von Bern, kindlicher Märtyrer (13. Jh.)

18. Herluka von Bernried

Selbst seelisch und körperlich krank, widmete sich die um 1060 bei Stuttgart geborene Herluka ganz dem Gebet, der Krankenpflege und der Armenfürsorge, angeleitet von Abt Wilhelm von Hirsau. 1086 ging die fromme Frau nach Epfach im Süden von Augsburg. Dort wirkte sie bis 1122 und pflegte das Andenken des Bischofs Wikterp oder Wigbert von Augsburg († 771), der ihr leibhaftig erschienen sein soll. Vor Anfeindungen floh Herluka nach Bernried (daher der Beiname) am Starnberger See, wo sie 1127 starb.

Galdin, Bischof von Mailand (12. Jh.); Idesbald van der Gracht, Abt in Duinen (12. Jh.); Barbe Acarie Avrillot (Marie von der Menschwerdung), französische Mystikerin (16./17. Jh.)

19. Leo IX.

Er kam als Bruno, Sohn des Grafen von Egisheim (Elsass), 1002 zur Welt, wurde Kleriker, arbeitete am Hof des Kaisers und wurde 24-jährig Bischof von Toul. Heinrich III. wünschte 1049 seine Wahl zum Papst, die Bruno unter dem Namen Leo IX. nach Akklamation durch das Volk und den Klerus von Rom annahm. Früher loyal zum Kaiser, wandte er sich nun strikt gegen dessen Anspruch auf Einsetzung von Bischöfen (Investitur). 1053 von den Normannen festgesetzt, kam Leo im Folgejahr frei und starb am 19. April 1054.

Gerold von Großwalsertal, Einsiedler (10. Jh.); Werner von Oberwesel (von Bacharach), jugendlicher Märtyrer und Patron der Winzer (13. Jh.)

20.

Hildegund von Schönau

Der Mönch, der eine Nonne war: Zwölfjährig machte die um 1170 geborene Hildegund mit ihrem Vater eine Wallfahrt ins Heilige Land. Als der Vater den Tod nahen fühlte, riet er seiner Tochter, sich als Jüngling auszugeben zur Vorbeugung gegen Belästigungen. Das hatte Erfolg. Hildegund führte den Namen Joseph und trat nach der Heimkehr ins Zisterzienserkloster Schönau als „Bruder" ein. Erst nach ihrem Tod am 20. April 1188, wohl auch durch Überforderung verursacht, erkannte man ihr wahres Geschlecht.

Agnes, Äbtissin von Montepulciano (13./14. Jh.); Wiho, erster Bischof von Osnabrück (8./9. Jh.)

21.

Anselm von Canterbury

„Wenn Gott das höchste Wesen ist, das ich denken kann, muss er außer in meiner Vorstellung auch in Wirklichkeit existieren, weil ich mir sonst ja noch etwas Höheres denken könnte." Der so genannte ontologische Gottesbeweis des 1033 in Aosta geborenen Gelehrten Anselm zeigt seine hohe Meinung von der Vernunft, die aber ohne Glauben nichts sei: „Credo, ut intelligam" (ich glaube, damit ich erkenne). 1093 zum Erzbischof von Canterbury berufen, starb Anselm dort am 21. April 1109; seit 1720 Kirchenlehrer.

Konrad von Parzham

„Ich nehme alles mit Dank vom lieben Himmelsvater an, seien es Leiden oder Freuden; er weiß wohl, was besser für uns ist", schrieb der als Johannes Birndorfer 1818 geborene Kapuziner-Bruder Konrad aus Parzham in Niederbayern. Der Bauernsohn war seit 1849 Mönch und seit 1853 Pförtner im Kloster Altötting. Er musste sich trotz seiner Menschenscheu Tag für Tag auf die Bitten und Fragen von Tausenden von Wallfahrern einlassen. Er tat es bis zu seinem Ende am 21. April 1894 mit nie nachlassender Demut.

Appollonius, Märtyrer in Rom (2. Jh.); Beuno, walisischer Abt in Clynnog (7. Jh.); Wolbodo, Bischof von Lüttich (11. Jh.)

22.

Wolfhelm

Das Licht einer rheinischen Welt erblickte Wolfhelm um 1020. Er wurde an der Domschule in Köln erzogen und trat 1036 ins Trierer Benediktinerkloster St. Maximin ein. Nach anderthalb Jahrzehnten kehrte er ins Rheinische zurück, wurde Abt in Gladbach (heute Mönchengladbach) und um 1055 in Brauweiler. Neben seinen Leitungsaufgaben fand er Zeit zum Verfassen theologischer Schriften. Seine Heiligkeit wurde durch zahlreiche Wunder offenbar, die sich vor und nach seinem Tod am 22. April 1091 ereigneten.

Agapitus I., Papst (6. Jh.); Francesco Venimbeni von Fabriano, Mönch (13./14. Jh.); Opportuna, Äbtissin in Almenèches (8. Jh.)

23.

Adalbert

Ein bewegtes Leben: Um 956 als Sohn Vojtech eines ostböhmischen Fürsten geboren, mit der Firmung Adalbert getauft, 981 Priesterweihe in Prag, 983 dort Bischof, 989 Flucht nach Rom, 992 Rückkehr und 994 erneute Flucht, 996 Eintritt in ein römisches Kloster, im gleichen Jahr Aufbruch zur Pruzzen-Mission, am 23. April 997 am Frischen Haff erschlagen. Adalberts Herkunft war sein Verhängnis geworden, da er mit seinen Erbansprüchen für viele Mächtige eine Gefahr war. Er ist Patron Preußens wie Böhmens.

Georg

Er gehört zu den 14 Nothelfern und ist Patron zahlreicher Länder (z.B. Englands) wie einer Reihe von Berufszweigen (z.B. der Artisten). Alles aber, was über ihn als Person berichtet wird, basiert auf legendärer Überlieferung. Im Zentrum steht seine Rolle als Befreier eines Landes und seiner Königstochter von einem furchtbaren Ungeheuer (Drachentöter). Außerdem wird er als Erdulder entsetzlicher Martern um Christi willen geschildert, was auf eine Entstehung der Legende im 4. Jahrhundert schließen lässt.

Gerhard, Bischof von Toul (10. Jh.); Helena de Valentinis, italienische Mystikerin (15. Jh.); Jón Ögmundsson, erster Bischof des isländischen Hólar (11./12. Jh.)

24. Fidelis von Sigmaringen

„Bruder Fidelis, in Kürze eine Speise der Würmer“, so unterschrieb schon der 40-Jährige seine Briefe: Er war als Marcus Roy 1578 in Sigmaringen zur Welt gekommen und Jurist geworden, ehe er 1612 Kapuziner-Bruder Fidelis wurde. Bei beginnendem 30-jährigen Krieg zog er predigend und für die katholische Sache werbend durch Elsass, Schweiz und Vorarlberg. Von den Strapazen geschwächt, fiel er am 24. April 1622 während einer Messe in Seewies (Graubünden) Aufständischen zum Opfer. Er ist Patron der Juristen.

Benedetto Menni, italienischer Ordensgründer (19./20. Jh.); Rose-Virginie (Maria Euphrasia) Pelletier, französische Ordenserneuerin (18./19. Jh.); Wilfrid von Ripon, Bischof von York (7./8. Jh.)

25. Markus

Wahrscheinlich war der wahrscheinliche Verfasser des zweiten und ältesten Evangeliums (vor 70 entstanden) Sohn jener Maria, in deren Haus Jesus das letzte Abendmahl einahm. Markus begleitete den Apostel Paulus auf dessen erster Reise. Später reiste er aus eigenem Antrieb und missionierte in Kleinasien und auf Zypern. Um 65 ging er nach Alexandria, wo er das Martyrium erlitt. Seine Reliquien kamen nach Venedig, dessen Patron Markus ist. Außerdem wird er als Schutzheiliger u.a. der Maurer verehrt.

Ermin (Erwin), Abtbischof in Lobbes (8. Jh.); Franca, Äbtissin in Piacenza und Plectoli (12./13. Jh.); Pedro von Betancurt, spanischer Ordensgründer (17. Jh.)

26.

Trudpert

Im romantischen Münstertal bei Freibug i.Br. lockt die mächtige Benediktinerabtei St. Trudpert Wallfahrer zu innerer Einkehr. Sie ist nach einem iroschottischen Missionar benannt, der im 7. Jahrhundert in päpstlichem Auftrag in Alemannien missionierte. Von einem Grafen Othbert erhielt er Land geschenkt und errichtete eine Kirche. Neidische heidnische Knechte erschlugen den frommen Mann mit der Axt. Über dem Tatort wurde die Trudpert-Kapelle errichtet; die Klosterkirche steht über seinem Grab.

27.

Petrus Canisius

1521 in Nimwegen geboren, latiniserte Pieter Kanijs seinen Namen und trat 1543 als erster Deutscher in den neugegründeten Jesuitenorden ein. Unermüdlich predigend und lehrend sorgte er für Verbreiterung der Basis des Ordens in Deutschland, Österreich, Böhmen und in der Schweiz. Er war einer der führenden Männer der Gegenreformation und erreichte mit seinen Schriften alle Schichten, bedeutend vor allem sein dreibändiger „Deutscher Katechismus". Canisius starb am 21. Dezember 1597 in Fribourg (Schweiz).

Zita

„Was ihr getan habt einem meiner geringsten Brüder, das habt ihr mir getan." Dieses Wort Jesu lebte die 1218 in Monsagrati bei Lucca geborene Zita. Sie hatte sich als Dienstmagd in einem vornehmen Haus verdingt, speiste aus dem Überfluss die Armen und hüllte einmal sogar einen frierenden Bettler in den Pelz ihres Herrn. Dafür immer wieder bestraft und misshandelt, verlor Zita nie ihre Liebenswürdigkeit und gewann nach und nach alle für sich. Weithin betrauert starb sie am 27. April 1278 in Lucca.

Katharina (Hosianna) von Monte Nigro, Klausnerin (16. Jh.); Petrus Armengol, spanischer Mönch (13./14. Jh.); Theodoros, Abt von Tabenisi in Ägypten (4. Jh.)

April

28.

Hugo

Das Benediktinerkloster Cluny bei Mâcon war im 11. Jahrhundert der kirchliche Nabel der Welt. Hier trat 1044 der 20-jährige burgundische Grafensohn Hugo ein, erwarb sich rasch Beliebtheit und wurde 1049 fünfter Erzabt. Er setzte die Reformen fort, die mit dem Namen Cluny verbunden sind: geistliche Erneuerung, Unabhängigkeit von den weltlichen Mächten. Zum Zeichen des neuen Selbstbewusstseins ließ Hugo eine fünfschiffige Basilika errichten, in der er nach dem Tod am 28. April 1109 beigesetzt wurde.

Pierre Chanel

Er wurde erster Märtyrer Ozeaniens: Der 1803 geborene Sohn Pierre eines Schäfers in Potière (Ain) machte durch hohe Begabung früh auf sich aufmerksam, wurde Priester und 1837 vom Papst als Missionar in die Südsee geschickt. Er wirkte auf der Insel Futuna zwischen Fidschi und Samoa. Sein Erfolg weckte den Argwohn von Häuptling Niuliki, und als Chanel sogar dessen Sohn bekehren konnte, ließ der erboste Vater den Priester am 28. April 1841 ermorden. Pierre wurde 1954 von Pius XII. heiliggesprochen.

Gianna Beretta Molla, italienische Mutter (20. Jh.); Louis-Marie Grignion, französischer Ordensgründer (17./18. Jh.); Vitalis, Märtyrer in Ravenna (1. Jh.)

29.

Katharina von Siena

Die materielle Not war groß, größer die geistliche. Als Caterina Benincasa als 24. Kind einer Färberfamilie in Siena 1337 zur Welt kam, hatte diese sozusagen ihr religiöses Herz verloren: Der Papst residierte in Avignon. Katharina schloss sich den Dominikaner-Terziarinnen an, erlebte Christusvisionen und zeigte seit 1375 die Wundmale des Herrn. Bei aller Versenkung war sie tatkräftg und konnte Papst Gregor XI. 1376 zur Rückkehr nach Rom bewegen. Dort starb die Patronin Italiens am 29. April 1380.

Achardus, Bischof von Avranches (12. Jh.); Severus, Bischof von Neapel (4./5. Jh.); Roswitha, Äbtissin von Liesborn in Westfalen (9. Jh.)

30.

Pius V.

Sein bloßer Anblick könne Protestanten bekehren, hieß es vom frommen 64-jährig 1566 zum Papst Pius V. gewählten Kardinal Michele Ghislieri aus Bosco Marengo. Der asketische Mann war nach prunkfreudigen Renaissance-Päpsten ein geistlicher Lichtblick auf dem Stuhl Petri. Allerdings war er hart gegen andere und verfolgte etwa die Juden. Gegen das Osmanische Reich schmiedete eine Allianz mit Spanien und Venedig, die 1571 die türkische Flotte bei Lepanto vernichtete. Pius starb am 1. Mai 1572 in Rom.

Hildegard, Frau Karls des Großen und Stifterin (8. Jh.); Joseph Benedikt Cottolengo, italienischer Priester (18./19. Jh.); Quirinus, Märtyrer in Rom (2. Jh.)

Mai

1.

Sigismund

Gern sah es der arianische König Gundobald von Burgund nicht, dass sich sein Sohn Sigismund im Jahr 497 katholisch taufen ließ, doch er nahm es hin. Die Burgunder bekamen daher 516 einen frommen und gütigen Nachfolger, und viele bekehrten sich ebenfalls. Acht Jahre später überzog Frankenkönig Chlodomir das Land mit Krieg und schlug das burgundische Heer vernichtend. König Sigismund wurde mit seiner Familie gefangen genommen und am 1. Mai 524 in einem Brunnen ertränkt; er gilt als Märtyrer.

Emilio Filippo Pampuri

„Er war von engelgleicher Reinheit, von hingebender Frömmigkeit und apostolischer Tatkraft", preist die Grabinschrift den 1897 bei Pavia geborenen Emilio Pampuri. Er studierte Medizin, kümmerte sich unermüdlich um Kranke, trat 1927 in Mailand den Barmherzigen Brüdern bei und setzte als Frater Ricardo seine ärztliche Tätigkeit fort. Seine Beliebtheit zeigte sich, als nach seinem frühen Tod an 1. Mai 1930 zur Beisetzung eine riesige Menschenmenge kam. 1989 sprach ihn Papst Johannes Paul II. heilig.

Aldebrand, Bischof von Fossombre (13. Jh.); Mafalda, Königin von Portugal und Nonne (13. Jh.); Theodard, Erzbischof von Narbonne (9. Jh.)

2.

Antoninus

Als Wissenschaftler, Seelsorger und Wohltäter gleichermaßen bedeutsam, ging der 1389 als Antonino Perozzi geborene Antoninus in die Kirchengeschichte ein. Er war mit 16 Jahren Dominikaner geworden, später Abt verschiedener Klöster und schließlich 1446 Erzbischof von Florenz. Da war er schon berühmt wegen seiner „Summa Chronica", einer großen Mittelalter-Chronik, und als weiser Ratgeber. Tatkräftig half er den Armen bei Seuchen und Hungersnot und wurde tief betrauert, als er am 2. Mai 1459 starb.

Athanasius der Große

Dass die Anhänger des Arius Christus die Gottgleichheit absprachen, erbitterte den um 295 in Alexandria geborenen Athanasius zutiefst. Mit großer Genugtuung erlebte er daher als Teilnehmer des Konzils von Nicäa 325, dass sich sein Bekenntnis der Wesensgleichheit von Gottvater und Gottsohn durchsetzte. Nicht so in seiner Diözese Alexandria, der er seit 328 als Patriarch vorstand. Fünf Mal vertrieben ihn Arianer; erst 366 war der Widerstand gebrochen. Athanasius starb am 2. Mai 373 in Alexandria.

José Maria Rubio y Peralta, Mönch (19./20. Jh.); Nikolaus Hermanni, Bischof von Linköping (14. Jh.); Wiborada von St. Gallen, Einsiedlerin (10. Jh.)

Philippus und Jakobus der Jüngere

3.

Über das Leben der Jünger Jesu ist meist wenig mehr bekannt, als dass sie von ihm persönlich berufen worden sind: So auch Philippus, ein Fischer am See Genezareth, der Jesus folgte und nach dessen Tod in Galiläa, später in Kleinasien das Evangelium verkündete und das Martyrium erlitt (um 80). Jakobus der Jüngere war ein Vetter Jesu und wurde sein Jünger, oft identifiziert mit dem Herrenbruder Jakobus. Über sein Ende gibt es nur Legendäres: Die Pharisäer sollen ihn von einem Turm gestürzt haben (um 62).

Edoardo Giuseppe Rosaz, Ordensgründer (19./20. Jh.); Emilia Bicchieri, italienische Mystikerin (13./14. Jh.)

Mai

4. Florian

Er ist Patron vieler Städte und Berufszweige, insbesondere der Feuerwehrleute, Böttcher und Brauer, zudem gehört er zu den 14 Nothelfern. Florian war Offizier im römischen Heer und diente im 3. Jahrhundert beim heutigen St. Pölten. Zum Christentum bekehrt, versuchte er gefangene Glaubensbrüder zu befreien, wurde gefasst und im Jahr 304 ertränkt, weil er sich weigerte abzuschwören. Um Florian, den ersten österreichischen Märtyrer, ranken sich ungezählte Legenden; er ist einer der populärsten Heiligen.

Antonia, Märtyrerin in Numidien (3. Jh.); Jean Martin Moyë, Ordensgründer (18. Jh.); Ladislaus von Gielnów, Bernhardiner-Mönch (15./16. Jh.)

5. Godehard

Wer im Kloster zur Welt kommt, der ist zum Mönch prädestiniert. Godehards Vater war Bauer beim Benediktiner-Kloster Niederaltaich, und der um 960 geborene Sohn besuchte natürlich die Schule der Abtei. Er fiel wegen hoher Begabung auf und wurde in den Orden aufgenommen. 996

zum Abt bestellt, reformierte er sein Kloster im Sinn geistlicher Erneuerung. 1022 wurde er Bischof von Hildesheim. Dort starb er am 5. Mai 1038, nachdem er in seiner Amtszeit 30 Kirchen und zahlreiche Schulen hatte bauen lassen.

Angelus, Karmeliter und Märtyrer (12./13. Jh.); Britto, Bischof von Trier (4. Jh.); Franz Tendler, österreichischer Redemptorist (19./20. Jh.)

6.

Petronax

Die Langobarden hatten 581 furchtbar gewütet und von dem 549 von Benedikt von Nursia in Montecassino gegründeten Kloster nur Ruinen übrig gelassen. Den um 670 in Brescia geborenen Petronax schreckte das nicht. Er zog 718 mit einigen Gefährten in das verfallene Gemäuer ein und begann mit dem Wiederaufbau. Mehr und mehr Brüder folgten ihm, die bald eine klösterliche Gemeinschaft bildeten und Petronax zum Abt wählten. Er erhielt vom Papst das Original der Benediktinerregel und amtierte bis zum Tod um 750.

Edmar, gelehrter Benediktiner in Canterbury (12. Jh.); François von Montmorency, erster Bischof von Quebec (17. Jh.); Maria Catherina Troiani, Ordensgründerin in Kairo (19. Jh.)

7.

Boris

Trotz seines Zerwürfnisses mit Rom gilt Boris, Fürst von Bulgarien, als Heiliger. Er regierte sein Land seit 852, empfing 865 die Taufe und widmete sich der Christianisierung. Da ihm der Papst jedoch die Ernennung zum Patriarchen verweigerte, wandte sich Boris Konstantinopel zu und führte die slawische Liturgie ein. Im Jahr 890 entsagte er der Krone und zog sich in ein Kloster zurück, wo er nach Jahren der inneren Einkehr als bußfertiger Mönch am 7. Mai 907 sein Leben in Christo beschloss.

Gisela

Erst zehnjährig wurde Gisela, Tochter Herzog Heinrichs II. von Bayern und Schwester Kaiser Heinrichs II., um 995 mit Ungarnkönig Stephan I. verheiratet. Die Verbreitung des christlichen Glaubens in ihrer neuen Heimat machte sie sich zur Hauptaufgabe, sorgte für Kirchenbauten und Klostergründungen. Nach dem Tod ihres Mannes 1038 angefeindet und schließlich eingekerkert, kam sie durch Kaiser Heinrich III. frei und ging ins Benediktinerinnen-Kloster Niedernburg bei Passau, wo sie am 7. Mai 1060 starb.

(Flavia) Domitilla, Märtyrerin bei Neapel (1./2. Jh.); Johannes von Beverly, Bischof von York (7./8. Jh.); Rosa Venerini, Ordensgründerin (17./18. Jh.)

8.

Klara Fey

Selbst fast noch eine Jugendliche, gründete die 1815 geborene Aachenerin Klara Fey 1837 eine Schule für verwahrloste Mädchen und rief 1848 die Kongregation „Schwestern vom Armen Kinde Jesu“ ins Leben, die sich Not leidender Kinder aus der Unterschicht annahm und die Klara bis zu ihrem Tod am 8. Mai 1894 leitete. Waisenhäuser und Kinderhorte, Armenschulen und Erziehungsanstalten entstanden. Mitte der 1850er Jahre gab es bereits 19 Ordenshäuser; das Mutterhaus hat seinen Sitz im holländischen Simpelveld.

Arsenius der Große, ägyptischer Einsiedler (4./5. Jh.); Desideratus, Erzbischof von Bourges (6. Jh.); Ulrika Franziska Nisch, deutsche Mystikerin (19./20. Jh.)

9.

Beatus

Das Dorf Beatenberg nahe beim Thuner See heißt nach dem Apostel der Schweiz, dem heiligen Beatus, der dort im 8. Jahrhundert in der nach ihm benannten Höhle gestorben sein soll. Sie ist heute ein beliebter Wallfahrtsort. Beatus soll wie so viele frühe Missionare iroschottischer Herkunft gewesen und über das Elsass in die Schweiz gekommen sein. Er überzeugte die Menschen dort weniger durch Predigten als durch vorbildliches, tugendhaftes und anspruchsloses Einsiedlerleben. Er ist Patron der Schweiz.

Volkmar

Etwa 45-jährig übernahm er 1280 die Leitung des niederbayerischen Benediktiner-Klosters Niederaltaich als Abt: Volkmar war streng, zu streng, wie viele seiner Mitbrüder fanden. Sie wehrten sich gegen die neue Klosterzucht, die der Abt seinem Haus verordnete. Volkmar aber blieb unbeirrt und drohte den Widersetzlichen mit Ausschluss. Sie verschworen sich daher gegen ihn, lauerten ihm auf und töteten den Ahnungslosen mit Pfeilen bei einer Bootsfahrt auf der Donau zwei Jahre nach Amtsantritt am 9. Mai 1282.

Karolina (Maria Theresia von Jesus) Gerhardinger, Ordensgründerin (19. Jh.); Pachomius der Ältere, ägyptischer Mönch (4. Jh.)

10.

Johannes von Ávila

Wegen seiner jüdischen Abstammung hatte der aus Almodóvar-del-Campo in Neukastilien stammende Johannes (* um 1500) manchen Nachteil. Einen sah er bald als Vorteil: Er musste das Jurastudium abbrechen und wandte sich der Theologie zu. Predigend und taufend zog er seit 1530 durch Andalusien, gründete Schulen und missionierte das noch weitgehend heidnische Land. Als er am 10. Mai 1569 in Montilla bei Córdoba starb, hatte er sich durch Wort und Schrift den Ruf eines „Apostels von Andalusien" erworben.

Comgall, Abt im irischen Bangor (6. Jh.); Niccolo Albergati, Bischof von Bologna (14./15. Jh.)

11.

Gangolf

Ob er und wenn ja, wann genau der Heilige Gangolf gelebt hat, ist strittig. Vermutlich handelte es sich um einen fränkischen Jäger des 8. Jahrhunderts, von dem die Legende erzählt, er habe einen Garten mit einer Quelle gekauft, die aber bald versiegte. Als ihn Freunde wegen des überhöhten Preises verspotteten, wies Gangolf darauf hin, dass er nur den armen Besitzern habe helfen wollen, sprach ein Gebet, und alsbald senkte sich eine Wolke und die Quelle sprudelte erneut und erwies sich als heilkräftig.

Ignatius von Láconi

Mit 18 Jahren erkrankte der sardische Hirte Ignacio schwer. Der 1701 geborene junge Mann gelobte, er werde ins Kloster gehen, falls er gesunde. Doch er vergaß sein Gelübde, als es ihm besser ging. Er brauchte einen weiteren Anstoß: Ein Sturz vom Pferd erinnerte ihn an sein Versprechen, und er wurde als Bruder Ignatius Kapuziner. 45 Jahre lang ging er bis ins hohe Alter mit der Sammelbüchse für den Orden durch die Straßen von Cagliari, klagte nie und starb am 11. Mai 1781. Pius XII. sprach ihn 1951 heilig.

Mamertus

In einigen Regionen gehört Mamertus zu den bis zum 15. Mai regierenden Eisheiligen. Historisch geht er auf einen im Jahr 461 zum Bischof von Vienne berufenen Mann zurück, der wegen der Aufteilung der Diözesen in Südfrankreich in Streit mit dem Papst geriet. Als daraufhin Unwetter, Erdbeben und Feuersbrünste sein Gebiet heimsuchten, führte er „drei Bittgänge“ an den Tagen vor Christi Himmelfahrt ein. Die dabei gesungenen Litaneien sind auch nach seinem Tod am 11. Mai 475 volkstümlich geblieben.

Francisco de Hieronymo, italienischer Mönch (17./18. Jh.); Joachim Tabernitz, österreichischer Märtyrer (16./17. Jh.); Majolus, Abt in Cluny (10. Jh.)

12.

Pankratius

Er ist Patron der Erstkommunikanten und der Kinder, bei uns aber bekannter als Eisheiliger, weil es um seinen Gedenktag herum noch einmal empfindlich kalt werden kann. Der historische Pankratius soll ein um 290 geborener Sohn reicher Eltern in Kleinasien gewesen sein, der um 303 nach Rom kam und dort mit seinem Erbe die Christengemeinde unterstützte. Deswegen verhaftet, ließ sich der Jüngling weder durch Drohungen noch durch Verlockungen vom Glauben abbringen und wurde am 12. Mai 304 enthauptet.

Achilleus und Nereus, römische Märtyrer (3./4. Jh.); Germanus I., Patriarch von Konstantinopel (8. Jh.); Imelda Lambertini, italienische kindliche Mystikerin (14. Jh.)

Mai

13.

Andreas Hubert Fournet

Erst die Begegnung mit einem Bettler öffnete dem 1752 geborenen Pfarrer Fournet aus Maillié (Vienne) die Augen für die Hohlheit seines bisherigen Lebens. Er verschenkte all seinen Besitz und lebte fortan als Ärmster der Armen. Während der Revolution nach Spanien geflohen, kehrte er 1794 zurück, gründete die Kongregation „Kreuztöchter vom heiligen Andreas" für Armen- und Krankenpflege und leitete sie vom Mutterhaus in Puy aus bis 1832. Dort starb der 1933 heiliggesprochene Wohltäter am 13. Mai 1834.

Servatius

Ein Engel soll ihn zum Bischof geweiht haben, ein Adler habe den Schlafenden mit seinen Fittichen vor Sonnenbrand bewahrt, Petrus habe ihm einen Schlüssel gegeben, mit dem er allen Würdigen die Tür zum ewigen Leben aufschließen könne: Die Legenden um den Eisheiligen Servatius sind ungezählt. Historisch verbürgt ist, dass er 340 Bischof von Tongern wurde und nach 40-jähriger Amtszeit in Maastricht starb. Eine Kirche steht über seinem Grab. Er ist Patron mehrerer Städte sowie der Schlosser und Tischler.

Ellinger, Abt in Tegernsee (11. Jh.); Maddalena Albrici, italienische Mystikerin (15. Jh.); Rolendis, flandrische Königstochter (8. Jh.)

Bonifatius

Vielleicht konnte man den jungen Römer als Sympathisanten der Christen bezeichnen, getauft aber war er nicht, als er den Auftrag einer reichen Adligen erhielt, in Kleinasien nach Reliquien zu forschen. Bonifatius, geboren um 280, erlebte dort die schweren Christenverfolgungen des Kaisers Galerius; die Standfestigkeit der Jesus-Anhänger beeindruckte ihn so, dass er sich selbst zu Christus bekannte. Das brachte ihm den Tod durch siedendes Pech um das Jahr 306. Populär ist der Märtyrer als Eisheiliger.

Maria Dominica Mazzarello

Schon das Mädchen Maria, geboren 1837 in Mornese (Piemont), verehrte schwärmerisch die Muttergottes. Als junge Frau kümmerte sie sich um Waisenkinder, lernte 1864 den großen Seelsorger Giovanni (Don) Bosco kennen und gründete mit ihm den Orden „Töchter Mariä, Hilfe der Christen“, auch „Maria-Hilf-Schwestern“ genannt. Bis zu ihrem Ende am 14. Mai 1881 in Monferrato leitete Maria Dominica die karitative Kongregation. 1951 wurde die vorbildliche Ordensfrau von Papst Pius XII. heiliggesprochen.

Michael Garicoits

Dem Pfarrer von Ibarre (Südfrankreich) fiel die Begabung des 1797 geborenen Arme-Leute-Sohns Michael auf, und er sorgte für seine Aufnahme in ein Priesterseminar. 1823 geweiht, wurde der junge Mann schon 1826 Professor für Theologie und bekämpfte den Gallikanismus, der Roms Oberhoheit ablehnte, sowie den Jansenismus, der eine ketzerische Rechtfertigungslehre vertrat. 1835 gründete er den jesuitenähnlichen Orden „Priester des Heiligsten Herzens Jesu“, den er bis zum Tod am 14. Mai 1863 leitete.

Ägidius (Giles) von Santarém, Dominikaner-Provinzial in Portugal (13. Jh.); Erembert, Bischof von Toulouse (7. Jh.)

22.

Renata von Bayern

Sie hätte wohl lieber den Schleier genommen, doch dann willigte Renata, 1544 geborene Tochter des Herzogs von Lothringen, doch in die Eheschließung mit Herzog Wilhelm V. von Bayern ein. Zehn Kindern schenkte sie das Leben, und ihr Vermögen opferte sie fast ganz für Werke der Nächstenliebe. Sie stiftete das Münchener Elisabeth-Spital und lud Arme an ihren Tisch. 1597 entsagte ihr Mann der Krone und zog sich mit ihr in die Maxburg zurück. Dort beschloss Renata am 22. Mai 1602 ihr Leben in Christo.

Rita von Cascia

Es war noch bitterkalt im umbrischen Cascia, als Augustiner-Eremitin Rita, geboren 1381, am 22. Mai 1457 auf dem Totenbett lag. Sie bat, man möge ihr eine Rose aus dem Garten holen, und tatsächlich war ein Strauch soeben erblüht. Seitdem werden am Gedenktag die „Rita-Rosen" geweiht. Das war nur eines der Wunder, die sich mit der frommen Nonne verbinden, die 1443 die Wunden von Christi Dornenkrone empfing. Nach erzwungener Ehe war sie 1413 ins Kloster gegangen, der Legende nach geführt von drei Heiligen.

Atto, Bischof von Pistoia (11./12. Jh.); Humilitas (Rosane) von Vallombrosa, Äbtissin in Florenz (13./14. Jh.); Lupus, Bischof von Limoges und Klostergründer (7. Jh.)

23.

Giovanni Battista de Rossi

Die Anfallkrankheit nahm der 1698 in Voltaggio bei Genua geborene Giovanni als göttliche Schickung hin, ja als Auftrag an, anderen Leidenden zu helfen. Nach Studium und Priesterweihe in Rom 1721 kümmerte er sich ausschließlich um Arme und Kranke sowie um die Häftlinge. Ihnen sprach er Mut zu und ermahnte sie zu Reue und Buße. 1737 verschenkte er all sein Hab und Gut, damit er seinen Schützlingen nichts vorausḧatte. Von weither strömten die Menschen zur Beisetzung nach seinem Tod am 23. Mai 1764.

Desiderius, Bischof von Langres (4. Jh.); Honoratus, Abt in Subiaco (6. Jh.); Wigbert (Guibert), Klostergründer im lothringischen Gorze (10. Jh.)

24.

Magdalena Sophie Barat

An der Wiege war es ihr nicht gesungen, dass sie als geniale Erzieherin in die Geschichte eingehen sollte: Sophie war als Tochter eines Winzers in Burgund 1779 zur Welt und 1795 nach Paris gekommen. Dort lernte sie den Jesuiten Varin kennen, der ihr Talent erkannte, Talente zu wecken. Mit ihm gründete Sophie 1802 den Orden der „Frauen vom Heiligsten Herzen (Jesu)", der sich um die Ausbildung von Mädchen und Frauen kümmerte. Sie führte ihn als Mutter Magdalena bis zu ihrem Ende am 24. Mai 1865.

Dagmar, Königin von Dänemark (12./13. Jh.); Johannes von Prado, spanischer Märtyrer in Marokko (16./17. Jh.); Simon Stylites der Jüngere, Säulenheiliger in Antiochien (6. Jh.)

25.

Beda Venerabilis

Schon als siebenjähriges Kind wurde der kleine Beda 679 Mitglied des Benediktinerordens im Kloster Wearmouth (Nordengland) und drei Jahre später in Jarrow bei Sunderland, wo er bis zu seinem Tod am 26. Mai 735 blieb. Er entwickelte sich durch unermüdliche Studien zu einem der bedeutendsten Gelehrten seiner Zeit. Er schrieb die erste Klostergeschichte des Abendlands und kann als erster wissenschaftlicher Theologe des Mittelalters gelten. Seine Bewunderer nannten ihn „Venerabilis", den Ehrwürdigen.

Gregor VII.

Eine der beeindruckendsten Szenen des Mittelalters hat ihn zur Zentralfigur: Vor Papst Gregor VII. erniedrigt sich Kaiser Heinrich IV. im Jahr 1077 in Canossa, damit ihn dieser vom Bann löst, der ihn die Krone zu kosten droht. Unübersehbar hatte der einstige Mönch Hildebrand, geboren um 1020, Papst seit 1073, das Machtgefüge zugunsten des Papsttums verschoben. Gregor, der am 25. Mai 1085 in Salerno starb, unterlag letztlich, doch sein zeitweiliger Triumph über den Kaiser sollte Jahrhunderte prägen.

Aldhelm, Bischof von Sherborne (7./8. Jh.); Dionysius, Erzbischof von Mailand (4. Jh.); Maria Magdalena de' Pazzi, florentinische Mystikerin (16./17. Jh.)

26.

Filippo Neri

Der „zweite Apostel von Rom“ wurde 1515 in Florenz geboren und fand erst spät zum Evangelium. Filippo Neri wurde 1551 Priester und gründete die Weltpriester-Kongregation der Oratorianer, die sich der Straßenmission und der Armenpflege in der Ewigen Stadt widmete. Der begnadete Prediger verstand sich auf den Volkston und war wegen seines heiteren Gemüts und seines Talents zur Aufmunterung beliebt. Nach seinem Tod am 26. Mai 1595 erwiesen Zigtausende dem Schutzheiligen der Humoristen die letzte Ehre.

Desiderius, Erzbischof von Vienne und Märtyrer (6./7. Jh.); Lambert, Bischof von Vinay (12. Jh.); Maria Anna de Parades, ecuadorianische Mystikerin (17. Jh.)

27.

Augustinus

Es sei Zeit, den wilden Angelsachsen in Britannien die frohe Botschaft von Christus zu bringen, fand Papst Gregor I. der Große und entsandte den 546 geborenen Benediktiner Augustinus 596. Er fand in Kent unerwartet freundliche Aufnahme, denn Königin Bertha war bereits Christin. König Ethelbert ließ sich im Jahr darauf taufen, und das Volk schloss sich dem Weihnachten 597 an. Von dieser Meldung entzückt, ernannte der Papst seinen Missionar 601 zum Erzbischof von Canterbury, wo Augustinus 604 starb.

Bruno von Kärnten, Bischof von Würzburg (11. Jh.); Eutropius, Bischof von Orange (5. Jh.); Gertrud von Schaffgotsch, deutsche Ordensgründerin (19./20. Jh.)

28.

Germanus

Die Kirche St. Germain-des-Près in Paris erinnert an ihn: Germanus war 496 in Autun zur Welt gekommen, hatte nach einer Zeit als Einsiedler 530 die Priesterweihe empfangen und war 550 von König Childebert I. zum Bischof von Paris bestellt worden. Der fromme Mann ließ sich von der hohen Würde nicht blenden, lebte weiter bescheiden und kümmerte sich um die Notleidenden und Gefangenen. Er legte den Grundstein zur genannten Kirche, in der er nach dem Tod am 27. Mai 576 die letzte Ruhestätte fand.

Lanfranc, Erzbischof von Canterbury (11. Jh.); Margareta Pole, englische Märtyrerin (16. Jh.); Wilhelm von Aquitanien, fränkischer Klostergründer (8./9. Jh.)

29. Julia Maria Ledóchowska

Der Onkel war ein Vorgänger von Karol Wojtyla als Erzbischof von Krakau. Kardinal Lebo übernahm die Ausbildung der jungen Nichte Julia Maria, geboren 1865, nach dem frühen Tod des Vaters. 1886 trat sein Mündel in den Ursulinenorden ein und gründete 1906 den Zweig der „Grauen Ursulinen“, die in Armen-, Kranken- und Altenfürsorge ihre Hauptaufgabe sehen. Seit 1928 leitete sie den Orden vom Mutterhaus in Rom aus, wo sie am 29. Mai 1939 starb. Papst Johannes Paul II. sprach seine Landsmännin 2003 heilig.

Alexander, Sisinnus und Martyrius, Märtyrer in Trient (4. Jh.); Bona, Mystikerin in Pisa (12./13. Jh.); Maximin, Bischof von Trier (4. Jh.)

30. Johanna von Orléans

Die Nationalheilige Frankreichs Johanna von Orléans, französisch Jeanne d’Arc, kam 1412 im lothringischen Domrémy als Tochter eines Bauern zur Welt. Ihr Land war von englischen Truppen besetzt. Jeanne folgte 1429 einer inneren Stimme, die sie mit der Befreiung beauftragte, konnte das eingeschlossene Orléans versorgen und ermöglichte die Krönung Karls VII. in Reims. Der aber ließ sie fallen. Die Inquisition sprach das Todesurteil über die „Hure und Hexe“ und ließ sie am 30. Mai 1431 in Rouen verbrennen.

Dymphna, angelsächsische Königstochter und Märtyrerin (7. Jh.); Otto Neururer, österreichischer Märtyrer (KZ Buchenwald 1940)

31.

Mechthild von Dießen

Graf Berthold II. von Andechs gab seine fünfjährige Tochter Mechthild 1130 ins Augustinerinnenkloster im nahen Dießen zur Ausbildung. Das Mädchen entwickelte eine besonders tiefe Frömmigkeit und nahm als junge Frau den Schleier. Bald stand sie dem Kloster als Priorin vor und genoss einen so guten Ruf, dass sie 1153 zur Äbtissin in Edelstetten berufen wurde. Das dortige Kloster reformierte sie gründlich, kehrte dann aber nach Dießen zurück, weil sie den Tod kommen fühlte. Er ereilte sie am 31. Mai 1160.

Giacomo Antonio (Felix) Amoroso, Mystiker in Nicosia auf Sizilien (18. Jh.); Jacobus Salomonius, italienischer Mönch (12./13. Jh.); Sigewin der Fromme, Erzbischof von Köln (11. Jh.)

Juni

1.

Justinus

Seine lange ergebnislose Gottsuche führte Justinus, Spross reicher Römer in Flavia Neapolis (heute Nablus im Westjordanland), zum Christentum. Es erfüllte ihn so sehr, dass er nach Rom ging, um der Hauptstadt der Welt den Glauben zu bringen. Er scharte dort Schüler um sich und schrieb glühende Verteidigungsschriften des verfolgten Christentums. Eine widmete er Kaiser Antoninus Pius. Schließlich verhaftete man den lästigen Mahner und ließ ihn nach Verweigerung des Götzendienstes im Jahr 165 enthaupten.

Simeon von Trier

Geboren in der zweiten Hälfte des 10. Jahrhunderts auf Sizilien, ausgebildet in Konstantinopel, Mönch und Einsiedler in Palästina sowie zeitweilig auf der Halbinsel Sinai, Reise nach Rom und über Rouen nach Trier, Pilgerfahrt nach Jerusalem, Rückkehr an die Mosel und dort Einmauerung in eine Zelle an der Porta Nigra bis zum Tod am 1. Juni 1035. Simeon führte ein bewegtes und doch gottergebenes Leben. Seine Gebeine ruhten bis 1971 in St. Gervasius und sind seitdem in St. Simeon im Westen von Trier.

Eneco von Oña, spanischer Einsiedler (11. Jh.); Ronan (Renan), Missionsbischof in der Bretagne (6. Jh.); Theobald Roggeri, italienscher Pilger (12. Jh.)

2.

Erasmus

Sein Leid kann andere vor ähnlichem beschützen: Kaiser Diokletians Christenverfolger sollen Erasmus, Bischof von Antiochia, mit vielen Methoden vergeblich zu töten versucht haben. So habe man ihm mit einer Winde die Gedärme aus dem Leib gezogen, weswegen er als Nothelfer bei Unterleibsleiden und Geburten angerufen wird. Der fromme Mann soll auch einen mörderischen Sturm auf der Flucht übers Meer überstanden haben und ist daher Patron der Seefahrer. Er ist wohl um 303 eines natürlichen Todes gestorben.

Eugen I., Papst (7. Jh.); Marcellinus und Petrus, Priester und Märtyrer (3. Jh.); Sandok, ungarischer Missionar, Klostergründer und Märtyrer (13. Jh.)

3.

Chlothilde

Die 474 geborene burgundische Prinzessin Chlothilde heiratete 593 Frankenkönig Chlodwig I. Eine katholische Taufe aber lehnte er ab. Als er eine Schlacht gegen die Alemannen zu verlieren drohte, wandte er sich in seiner Not im Gebet doch an ihren Gott und konnte das Blatt wenden. Als erster germanischer Herrscher ließ er sich 498 mit 3000 seiner Leute taufen. Nach seinem Tod im Jahr 511 gründete Chlothilde Klöster und ging schließlich selbst in ein Kloster in Tours, wo sie am 3. Juni 544 starb.

Caecilius, Priester in Karthago (3. Jh.); Genesius, Bischof der Auvergne (7. Jh.); Morandus, elsässischer Mönch und „Apostel des Sundgaus" (11./12. Jh.)

4.

Franz de Carácciolo

Als Jugendlichem machte dem 1563 geborenen Spross einer neapolitanischen Adelsfamilie ein Hautleiden zu schaffen. Aus Dank für die Heilung wandte sich Franz der Theologie zu, wurde 1587 Priester und schloss sich einer Kleriker-Gruppe an, die sich um zum Tod Verurteilte und Galeerensträflinge kümmerte. Er gehörte zu den Begründern des nach ihm benannten Orden der „Caráccioliner", der Verbesserungen in der Gefangenenseelsorge anstrebte. 1593 zum General der Kongregation bestellt, starb Franz am 4. Juni 1608.

Filippo Smaldone, italienischer Priester und Patron der Gehörlosen (19./20. Jh.); Pacificus Ramati von Ceredano, italienischer Franziskaner (15. Jh.); Quirinus, Bischof von Siscia (heute Sisak, Kroatien, 3./4. Jh.)

5. Bonifatius

Geboren unter dem Namen Winfried im Königreich Wessex 672/673, wurde der angelsächsische Benediktinermönch Bonifatius 719 in Rom mit der Germanenmission beauftragt (Beiname „Apostel der Deutschen" seit dem 16. Jh.). Er überzeugte die Nicht-Christen der Legende nach durch das ungestrafte Fällen einer dem Gott Thor geweihten Eiche. Er gründete mehrere Bistümer im östlichen Frankenreich (Freising, Regensburg, Passau, Salzburg, Würzburg, Fritzlar, Eichstätt, Erfurt) und war seit 746 Bischof von Mainz. Er starb als Märtyrer (erschlagen) in der Friesenmission bei Dokkum am 5. Juni 754 und ist u.a. Patron der Bierbrauer.

Meinwerk

Als bedeutendster mittelalterlicher Bischof der Diözese Paderborn gilt Meinwerk, um 970 in Sachsen geboren. Der Sohn eines Grafen wurde von seinem Vetter Kaiser Heinrich II. 1009 eingesetzt, nachdem er die Domschulen in Halberstadt und Hildesheim besucht und als Kanonikus in Aachen gedient hatte. Den Ausschlag gab nicht zuletzt das Vermögen des Kandidaten, der die in ihn gesetzten Hoffnungen durch großzügige Förderung des Kirchenbaus und der Kunst erfüllte. Er starb am 5. Juni 1036 in seinem Amtssitz.

Dorotheus von Tyrus, Märtyrer in Thrakien (4. Jh.); Eoban, Bischof von Utrecht und Märtyrer (8. Jh.); Sancius, Märtyrer in Córdoba (9. Jh.)

6.

Norbert von Xanten

Bescheiden blieb er auch als hochgestellter Kirchenfürst: Norbert, um 1082 in Xanten geboren, fühlte sich durch einen Blitzschlag 1115 zum Gottes-Dienst berufen. Er empfing die Priesterweihe und gründete 1120 in Prémontré bei Laon einen Orden der Augustiner-Chorherren, die nach dem Ort Prämonstratenser genannt wurden und sich durch strengsten Bußgeist auszeichneten. Der vielbewunderte Gründer wurde 1128 zum Erzbischof von Magdeburg berufen, wo er nach erfolgreichen Reformen am 6. Juni 1134 starb.

Falco, Abt im italienischen La Cava (12. Jh.); Laurentius de Maschi, italienischer Mystiker (16. Jh.); Marcellin Champagnat, französischer Ordensgründer (19. Jh.)

7. Maria Theresia de Soubiran

Schon mit 14 Jahren gelobte die 1834 im südwestfranzösischen Castelnaudaray geborene Maria Theresia Jungfräulichkeit. 1855 gründete sie in ihrem Heimatort die „Gemeinschaft Mariens von der immerwährenden Hilfe" (Société de Marie Auxiliatrice), die sich um gefährdete Mädchen kümmerte. Maria Theresia wurde erste Generaloberin, verlor den Posten aber 1873 nach böswilligen Verleumdungen und ging zu den „Barmherzigen Schwestern Unserer Lieben Frau" nach Paris, wo sie bis zum Tod am 7. Juni 1889 lebte.

Anna vom heiligen Bartholomäus, spanische Klostergründerin (16./17. Jh.); Antonio Maria Gianelli, italienischer Ordensgründer (19. Jh.); Robert, erster Abt von Newminster (12. Jh.)

8. Medardus

Am Gedenktag des heiligen Medardus schauen Bauern und Winzer kritisch bis hoffnungsvoll zum Himmel, denn je nach Wetter an diesem Datum fällt die Ernte aus. Historisch steht dahinter ein um 474 geborener nordfränkischer Adliger, der 505 Priester und 530 zum Bischof von Noyon nordöstlich von Paris berufen wurde. Seine Amtszeit bis um 560 zeichnete sich durch intensive Armenpflege, Reformen und eine glückliche wirtschaftliche Entwicklung aus. Medardus wird auch bei Zahnschmerzen und Fieber angerufen.

Chlodulf, Bischof von Metz (7. Jh.); Ilga (Helga) von Schwarzenberg, Einsiedlerin in Vorarlberg (11./12. Jh.); Jacques Berthieu, französischer Missionar auf Madagaskar (19. Jh.)

9. Ephraem der Syrer

Propaganda mit Musikunterstützung ist keineswegs erst eine moderne Erfindung. Schon Ephraem, ein 18-jährig um 324 getaufter Diakon aus Nisibis, der in Edessa eine christliche Schule gegründet hatte, erkannte die

Macht der Klänge und flankierte damit die Verkündigung und Gottesdienste. Er schrieb zudem Hymnen, vor allem auf die Muttergottes, und erwarb sich so den Ehrentitel „Harfe des Heiligen Geistes" (Cythara Spiritus Sancti). Ephraem starb am 9. Juni 373; 1920 wurde er zum Kirchenlehrer erhoben.

Primus und Felizianus

Ihre Reliquien ruhen in der Kirche S. Stefano Rotondo in Rom: Die Brüder Primus und Felizianus waren vornehme Römer des 3./4. Jahrhunderts, die sich zum Christentum bekehrt hatten. Sie bemühten sich um weitere Verbreitung des Evangeliums und um verfolgte Glaubensbrüder in den Verliesen Kaiser Diokletians. Dadurch gerieten sie selbst ins Visier der Häscher, wurden verhaftet und wilden Tieren zum Fraß vorgeworfen. Die Bestien aber legten sich nur friedlich zu ihren Füßen. Man musste die Bekenner enthaupten.

Anna Maria Taigi, italienische Mystikerin (18./19. Jh.); José de Anchieta, spanischer Missionar in Brasilien (16. Jh.); Tagino, Erzbischof von Magdeburg (10./11. Jh.)

10.

Bardo

An seinem Grab sollen sich Wunder ereignet haben. Das weithin bis heute sichtbare Wunder aber ist der Bau, in dem er beigesetzt wurde: Bardo, um 980 geborener Verwandter von Kaiserin Gisela, war 1031 vom Benediktinermönch zum Erzbischof von Mainz aufgestiegen. Er zeigte sich mildtätig gegen die Armen und streng gegen sich selbst. Nur für seinen Gott leistete er sich ungewöhnliche Aufwendungen: Er ließ den Mainzer Dom fertig stellen, in dem er nach dem Tod am 10. Juni 1051 die letzte Ruhe fand.

Maurinus von Köln

Wir wissen nur, was die Inschrift auf seinem Sarkophag mitteilt. Dieser wurde im Jahr 966 bei Ausschachtungen für den Neubau der Kölner Kirche St. Pantaleon gefunden. Danach ruht darin Maurinus, der in der Vorhalle („atrium“) einer Vorgängerkirche hier an einem 10. Juni wohl Jahrhunderte vorher den Märtyrertod erlitten hat. Die Gebeine des Mannes, der sein Leben um seines Glaubens willen verloren hatte, wurden 1180 in einen kostbaren Reliquienschrein umgebettet und ruhen seitdem im Gotteshaus.

Diana von Andalò, Nonne in Bologna (13. Jh.); Heinrich von Bozen, Tiroler Tagelöhner (13./14. Jh.); Giovanni Dominici, Erzbischof von Ragusa (14./15. Jh.)

11.

Barnabas

„Sohn des Trostes“ heißt der hebräische Name Barnabas, den die Apostel dem Spross einer jüdischen Gutsbesitzersfamilie auf Zypern bei der Taufe gaben. Der junge Mann schloss sich Paulus an und unterstützte die Jerusalemer Urgemeinde. Später reiste er nach eigenem Plan und predigte das Evangelium in der Heimat, in Kleinasien, Rom und Mailand. Viele Wunder weiß die Legende von ihm zu berichten. Er soll im Jahr 61 den Märtyrertod erlitten haben, als er im heimischen Famagusta von Juden gesteinigt wurde.

Aleydis (Adelheid) von Schaerbeek, flandrische Mystikerin (13. Jh.); Jolenta, Äbtissin in Gnesen (13. Jh.); Paula Frassinetti, italienische Ordensgründerin (19. Jh.)

Gaspare (Kaspar) Bertoni

„Padri Stimmatini" (Priester von den Heiligen Wunden) nannte der 1777 in Verona geborene Priester Bertoni die Gemeinschaft von Geistlichen, die er 1816 in seiner Heimatstadt Verona ins Leben rief. Die Mitglieder unterstützten den Bischof in seelsorgerischen und missionarischen Belangen. Die Anerkennug durch den Papst 1855 erlebte der Gründer nicht mehr, der schon am 12. Juni 1853 verstorben war. 1925 wurde der Orden offiziell bestätigt und Gaspare Bertoni 1989 von Johannes Paul II. heiliggesprochen.

Guido Vagnotelli

Lebensentscheidend für den um 1190 geborenen Guido aus Cortona (Toskana) wurde die Begegnung mit Franz von Assisi. Ihm schloss sich der junge Mann 1211 an, empfing die Priesterweihe und wurde vom großen Lehrmeister als Prediger auserwählt. Er verstand es, die Menschen mit seiner Botschaft von Christus zu fesseln. Das starke Charisma seiner Person ließ Legenden um ihn von Wunderheilungen entstehen und ihn schon zu Lebzeiten als Heiligen erscheinen. Er starb am 12. Juni 1259 nahe seiner Heimatstadt.

Leo III.

Angefeindet, überfallen, geflohen: Leo III., 795 als etwa 50-Jähriger zum Papst gewählt, hatte es nicht leicht. Er setzte sich 799 zu Frankenherrscher Karl dem Großen ab, erhielt von ihm Unterstützung, kehrte nach Rom zurück und erwartete dort den König, den er am Weihnachtstage 800 zum Kaiser krönte. Ob das abgesprochen war, ist strittig. Unstrittig verstanden sich die Päpste jedoch seitdem als „Kaisermacher" und leiteten davon einen problematischen Machtanspruch her. Leo starb am 12. Juni 816.

Eskil, Missionar und Märtyrer in Schweden (11. Jh.); Odulf, flandrischer Mönch (9. Jh.); Onuphrios der Große, Mönch in Kappadokien (4. Jh.)

Juni

13. Antonius von Padua

Er wird angerufen für das Wiederauffinden von Verlorenem, bei Schiffbruch und Kriegsnöten, bei Unfruchtbarkeit, Pest und Viehkrankheiten. Und er ist Schutzheiliger vieler Berufszweige und vieler Städte, darunter Lissabon, wo er als Fernandez Martin um 1195 zur Welt kam. In Coimbra wurde er als Antonius Franziskaner, bevor er in Italien als Prediger die Menschen in Massen anzog. Zahllose Legenden ranken sich um ihn, Wunder soll er gewirkt haben. Daher die vielen Funktionen des am 13. Juni 1231 bei Padua gestorbenen Mönchs.

Achillas, Bischof von Alexandria (4. Jh.); Eulogius, Patriarch von Alexandria (6./7. Jh.); Ragnebert (Rambert), fränkischer Märtyrer (7. Jh.)

14. Hartwig

Im Alter von 36 Jahren wurde Hartwig Graf von Sponheim 991 zum Erzbischof von Salzburg ernannt. Seine Verwandtschaft mit den Kaisern Otto III. und Heinrich II. kam ihm bei seiner Amtsführung zustatten: Der Dom konnte saniert werden, die Stadt erhielt 993 das Markt- und Münzrecht, die Domschule und das Benediktinerstift St. Peter reformierte der neue Kirchenfürst. Auch als Wohltäter, etwa während der Pestepidemie im Jahr 994, war Hartwig beliebt, der am 14. Juni 1023 starb und im Dom beigesetzt wurde.

Aetherius, Bischof von Vienne (7. Jh.); Burchard, erster Bischof von Meißen (10. Jh.); Methodius I., Patriarch von Konstantinopel (9. Jh.)

Bernhard von Aosta

Er ist Patron der Alpenbewohner und Bergsteiger: Der 923 in Aosta geborene adlige Bernhard entzog sich einer arrangierten Ehe durch Eintritt in den geistlichen Stand, gründete Bistümer und machte sich als erfolgreicher Bekehrer durch machtvolle Predigten einen Namen. Bis heute lebt dieser Name fort in den Passhöhen des Großen und des Kleinen Sankt Bernhard mit den berühmten Hospizen, wo Pilger und Reisende kostenlose Unterkunft fanden. Der Namensgeber starb am 15. Juni im norditalienischen Novara.

Gebhard

Erst mit etwa 45 Jahren empfing Gebhard, dem Grafengeschlecht von Helfenstein entstammend, im Jahr 1055 die Priesterweihe. 1060 schon sorgte Kaiser Heinrich IV. für seine Ernennung zum Erzbischof von Salzburg. Das dankte ihm der Beförderte nicht wie erhofft: Er stellte sich im Investiturstreit auf die Seite von Papst Gregor VII. Die Ernennung zum päpstlichen Legaten für Deutschland beantwortete der Kaiser mit Verbannung. 1086 konnte Gebhard nach Salzburg zurückkehren, wo er am 15. Juni 1088 starb.

Vitus (Veit)

Nur sieben Jahre alt wurde er und gehört doch zu den populärsten Schutzheiligen und zu den 14 Nothelfern: Vitus kam auf Sizilien zur Welt, wurde von seiner Amme heimlich christlich erzogen, musste vor dem heidnischen Vater fliehen, geriet in die Fänge der Christenjäger Kaiser Diokletians, heilte dessen Sohn von Epilepsie und wurde dennoch gefoltert und um 304 ermordet, weil er sich weigerte, Christus zu verraten. Zahllose Kirchen sind nach Vitus benannt, die berühmteste ist der Prager Veitsdom.

Aloisius Maria Palozzolo, italienischer Ordensgründer (19. Jh.); Benildis, Märtyrerin in Córdoba (9. Jh.); Germane Cousin, jugendliche französische Hirtin (16. Jh.); Isfried, Bischof von Ratzeburg (12./13. Jh.)

Juni

16. Benno

Der um 1010 geborene adlige Benno wurde Mönch, Priester und 1066 Bischof von Meißen. Im Investiturstreit unterstützte er den Papst und wurde daher vom Kaiser verbannt. Beim Verlassen seiner Diözese soll er die Kirchenschlüssel in die Elbe geworfen haben, damit der Kaiser keinen Zugang fand. Als Benno 1088 wieder in Meißen einzog, bereitete ihm der Koch einen Fisch, an dessen Flossen die Schlüssel hingen. So die Legende, die Benno, der am 16. Juni 1106 starb, das Patronat für die Fischer einbrachte.

Luitgard von Tongern, flandrische Mystikerin (13. Jh.); Maria Theresia (Anna) Scherer, schweizerische Generaloberin (19. Jh.); Tychon, Bischof von Amathus auf Zypern (5. Jh.)

17. Ramwold

Bis 975 war der Regensburger Bischof zugleich Abt von St. Emmeran. Dann aber holte der Bischof mit dem schon 74-jährigen Ramwold einen Benediktiner aus Trier, der das Kloster selbstständig führen sollte. Der Abt entwickelte enorme Tatkraft und ließ eine dreischiffige Hallenkirche errichten, in der er nach dem Tod am 17. Juni 1000 beigesetzt wurde. In seiner Amtszeit hatte er das Kloster zu einem geistigen, religiösen und künstlerischen Zentrum entwickelt. Ramwold wird bei Augenkrankheiten angerufen.

Euphemia, Äbtissin in Altomünster (12. Jh.); Reiner von Pisa, toskanischer Einsiedler (12. Jh.); Theresia, portugiesische Prinzessin und Nonne (13. Jh.)

18. Elisabeth von Schönau

Im Jahr 1140 trat die zwölfjährige Elisabeth aus Bingen in das Benediktinerinnenkloster Schönau bei Kaub ein. Obwohl sehr kränklich, gewann sie durch bescheidenes Wesen und tiefe Religiosität die Liebe der Mitschwestern, die sie zur Äbtissen wählten. Schwermut verdüsterte ihre weiteren

Jahre, und Trost spendeten ihr nur die mystischen Gnadenerweise und Visionen. So konnte sie einmal fließend lateinisch sprechen, obwohl sie die Sprache nicht gelernt hatte. Sie starb am 18. Juni 1164 im Kloster.

Amandus, Bischof von Bordeaux (5. Jh.); Gregor Barbarigo, Bischof von Bergamo und Padua (17. Jh.); Osanna Andreasi, Mystikerin in Mantua (15./16. Jh.)

19.

Gervasius und Protasius

Über die beiden ersten Märtyrer Mailands ist nur Legendäres bekannt: Gervasius und Protasius waren danach Zwillinge, die wegen ihres Glaubens unter Kaiser Nero (1. Jh.) in Rom festgenommen und nach Mailand verbracht wurden. Nach Verweigerung des Abschwörens ließ man sie zu Tode peitschen. Im Traum sollen sie dem späteren Bischof Ambrosius (4. Jh.) erschienen sein, der daraufhin ihre Gebeine auffand und sie unter dem Altar seiner Kirche beisetzte. Er selbst fand neben ihnen seine letzte Ruhestätte.

Rasso von Andechs

Zweieinhalb Meter groß soll er gewesen sein und ein entsprechend gefürchteter Recke und Feldherr: Der um 900 geborene Grafensohn Rasso von Dießen-Andechs machte zum Dank für seine Siege eine Wallfahrt ins Heilige Land, brachte kostbare Reliquien mit und ließ dafür in Wörth (westlich von München) ein Benediktinerkloster erbauen, in das er kurz vor seinem Tod am 19. Juni 954 als Laienbruder eintrat. Sein Grab im später in Grafrath umbenannten Ort ist bis heute Ziel der beliebten Grafrather Wallfahrt.

Romuald

Er war zufällig in ein Kloster geraten, fand Geschmack am mönchischen Leben, kritisierte aber bald die Laxheit der Regelauslegung: Romuald, geboren 952 bei Ravenna, überforderte seine Brüder oft. Das sah er selbst ein und wählte ein Leben als Einsiedler. In der Nähe seiner letzten Klause in Camaldoli bei Arezzo ließen sich Gleichgesinnte nieder, so dass wieder ein Kloster entstand, aber mit separaten Zellen. Aus dieser Gründung Romualds, der am 19. Juni 1027 starb, erblühte der Kamaldulenserorden.

Deodatus (Dieudonné), fränkischer Klostergründer und Bischof von Nevers (7. Jh.); Juliana Falconieri, florentinische Ordensgründerin (14. Jh.); Michelina Metelli, Mystikerin in Pesaro (14. Jh.)

20.

Margarete Ebner

„Eine Heilige ist gestorben", hieß es schon bei ihrem Tod am 20. Juni 1351 im Kloster Maria-Medingen bei Dillingen. Es sollte aber sechs Jahrhunderte dauern, ehe ihr Kult 1979 anerkannt wurde. Die 1291 geborene Margarete Ebner war 15-jährig ins Dominikanerinnenkloster eingetreten und dort seit 1312 über Jahre von schwerer Krankheit ans Bett gefesselt. Ihr wurden viele Gnadenerweise zuteil, die sie unter Anleitung ihres Beichtvaters niederschrieb. Ihr Grab in der Klosterkirche ist Wallfahrtsziel.

Adalbert, Erzbischof von Magdeburg und Apostel der Sorben (10. Jh.); Benigna, schlesische Nonne (13. Jh.); Margarete Ball, irische Märtyrerin (16. Jh.)

21.

Aloisius (Luigi) von Gonzaga

Erst sollte er Offizier werden, doch die religiösen Bedürfnisse waren stärker: Der 1568 geborene Luigi, oberitalienischer Grafensohn, trat 17-jährig in den Jesuitenorden ein und widmete sich ganz der Pflege Kranker in Rom und theologischen Studien. Bei einer Pestepidemie sorgte er unermüdlich für die Sterbenden und für die Beisetzung der Opfer. Er steckte sich dabei selbst an und starb am 21. Juni 1591. In seinem Nachlass fand man Schriften von großer Reife. Aloisius ist Patron der studierenden Jugend.

Engelmund, angelsächsicher Missionar (7. Jh.); John Rigby, Märtyrer in London (16. Jh.); Leufred (Leufroy), fränkischer Klostergründer (8. Jh.)

22.

Paulinus

Nola bei Neapel ist aus drei Gründen etwas Besonderes: Hier starb 14 n. Chr. der erste römische Kaiser Augustus, hier kam anderthalb Jahrtausende später der Philosoph Giordano Bruno zur Welt, und hier wurde im Jahr 409 Paulinus knapp 60-jährig Bischof. Der fromme Mann war auch ein tatkräftiger. Umsichtig verhinderte er Schlimmeres beim Westgoteneinfall im Jahr 410, und energisch machte er sich danach an die Beseitigung der Schäden und die Linderung der Not seiner Schäfchen. Er starb am 22. Juni 431.

Juni

Achatius

Über den einstigen Soldaten des römischen Kaisers ist nicht viel mehr als sein mutiges Bekennertum bekannt. Achatius stand zu seinem Glauben, als Kaiser Hadrian (regierte 117 bis 138) eine brutale Christenverfolgung anordnete. Weder Folter noch die Bedrohung mit dem Tod konnten den aufrechten Christen brechen. Schließlich wurde er mit Dornen zerfleischt und gekreuzigt. Sein Glaube aber war stärker als die Angst vor dem Sterben. Deswegen wird Achatius als einer der 14 Nothelfer in Todesangst angerufen.

John Fisher und Thomas More

Wer sich dem Wüstling König Heinrich von England widersetzte, war seines Lebens nicht sicher, mochte er es auch noch so weit gebracht haben: John Fisher, 1504 als 35-Jähriger zum Bischof von Rochester ernannt, und sein Freund Thomas More, geboren 1478, der 1529 sogar Lordkanzler geworden war, reizten den Despoten schon wegen ihrer Papsttreue. Als sie den so genannten Suprematseid verweigerten und den König nicht als Oberhaupt der englischen Kirche anerkannten, ließ Heinrich sie 1535 hinrichten.

Christina von Hamm, deutsche Mystikerin (15. Jh.); Eberhard, Erzbischof von Salzburg (12. Jh.); Sighild von Auchy, fränkische Benediktinerin (8. Jh.)

23.

Etheldreda (Edeltraut)

Zweimal ging sie die Ehe ein, doch nur aus politischen Gründen. Unkeuschheit lehnte sie ab: Die 635 geborene ostanglische Prinzessin Etheldreda ließ sich nach dem Tod ihres ersten Mannes in Ely nieder, damals noch eine Insel. Als ihr zweiter Mann nach zwölf Jahren 672 den Vollzug der Ehe forderte, floh sie erneut dorthin und gründete mit ihrem Vermögen ein Doppelkloster, das sie als erste Äbtissin leitete. Am 23. Juni 679 starb sie dort. Bei der Umbettung 695 war ihr Leichnam noch immer unverwest.

Joseph Cafasso, Priester in Turin (19. Jh.); Maria von Oignies, französische Mystikerin (12./13. Jh.)

24.

Johannes der Täufer

Genau sechs Monate vor Weihnachten wird das Fest des heiligen Johannes begangen, weil er nach der Überlieferung ein halbes Jahr vor Jesus zur Welt kam. Im Jahr 28 begann er in der Wüste zu predigen, die Menschen zur „Umkehr" (Buße) aufzurufen und durch Taufe im Jordan auf das kommende Reich Gottes vorzubereiten. Auch Jesus selbst empfing von ihm die Taufe. Weil er Königin Herodias Sittenlosigkeit vorwarf, wurde er auf Wunsch von deren Tochter Salome und auf Befehl des Königs Herodes enthauptet.

Iwan, dalmatinischer Einsiedler (9. Jh.); Rumold von Mechelen, Bischof von Dublin und Missionar in Flandern (8. Jh.); Thöger (Dietger), Missionar in Dänemark und Norwegen (11. Jh.)

25. Dorothea von Montau

Die Patronin Preußens kam 1347 in Montau bei Marienwerder in der Weichselniederung als Tochter eines reichen Bauern zur Welt. Dorothea heiratete 16-jährig, brachte neun Kinder zur Welt und zog sich nach dem Tod ihres Mannes in eine Klause beim Dom von Marienwerder zurück. Die Menschen strömten zu ihr und baten die im Ruf der Heiligkeit stehende Witwe um Rat. Ihre Visionen berichtete sie ihrem Beichtvater Johannes, der sie aufschrieb. Sie starb am 25. Juni 1394; ihr Kult wurde 1976 anerkannt.

Burkhard, erster Abt von Mallersdorf (12. Jh.); Eurosia von Jaca, spanische Märtyrerin (8. Jh.); Wilhelm von Vercelli, italienischer Ordensgründer (12. Jh.)

26. Vigilius

Seine Bescheidenheit und seine Bildung, die der um 360 geborene Vigilius aus Rom mitbrachte, beeindruckten die Menschen in Trient sehr. 385 wurde er zum Bischof gewählt und zog missionierend durch die ganze Region, baute Kirchen auf und bekämpfte heidnische Relikte. Als er im Jahr 405 eine Saturn-Statue zerstörte, erschlugen ihn aufgebrachte Bewohner. Er fand seine letzte Ruhestätte in der von ihm errichteten Kathedrale von Trient; heute liegen die Gebeine im dortigen Dom. Er ist Patron der Bergwerke.

Anthelm von Chignin, französischer Bischof von Belley (12. Jh.); Josemaría Escrivá de Balaguer, spanischer Gründer des Opus Dei (20. Jh.); Pelagius, kindlicher spanischer Märtyrer (10. Jh.)

27. Cyrillus

Als glühender Kämpfer gegen alle Bestrebungen, Christi Wesensgleichheit mit Gottvater zu bestreiten oder auch nur daran zu deuteln, wurde Cyrillus 412 als Mittzwanziger Bischof seiner Heimatstadt Alexandria in der

Nachfolge des großen Athanasios. In vielen Abhandlungen bemühte er sich, die damals mächtigen Lehren des Arianismus wie des Nestorianismus zu widerlegen. Damit schuf er sich manchen Feind, blieb aber bis zum Tod am 27. Juni 444 unbeirrt. Papst Leo XIII. erhob ihn 1882 zum Kirchenlehrer.

Hemma von Gurk

Von hoher Geburt und sogar verwandt mit Kaiser Heinrich II. heiratete die um 970 geborene Hemma den Grafen von der Sann. Nach dessen Tod und der Ermordung ihrer Söhne 936 gründete sie das Benediktinerinnenkloster Gurk in Kärnten und ließ die Marienkirche errichten, die 1043 geweiht wurde. Sie trat selbst ins Kloster ein, dem sie ihren reichen Besitz übereignete; einige Ländereien schenkte sie dem Bischof von Salzburg. Hemma, schon bei Lebzeiten als Heilige angesehen, starb um 1045 im Kloster.

Arialdo, italienischer Märtyrer (11. Jh.); Daniel, Abt in Schönau bei Heidelberg (12./13. Jh.); Sampson, Priester und Krankenpfleger in Konstantinopel (5. Jh.)

28.

Heimerad

Er muss recht widerborstig gewesen sein: Der um 970 geborene Heimerad lebte nach Wallfahrten ins Heilige Land im Kloster Hersfeld, wurde aber bald ausgestoßen und zog obdachlos herum. Dorfbewohner beschuldigten den verwahrlosenden Mann des Einbruchs. Als er bei Bischof Meinwerk von Paderborn Zuflucht erbat, jagte man ihn auch dort davon. Er galt als „heiliger Narr". Auf dem Hasunger Berg bei Kassel fand er in einer Klause am 28. Juni 1019 den Tod. Meinwerk soll sich noch bei ihm entschuldigt haben.

Irenäus

Mit griechischen Händlern kam der aus christlicher Familie stammende Irenäus im zweiten Jahrhundert aus Kleinasien nach Gallien. In der feindlichen Umgebung festigte sich sein Glaube, und die Gemeinde von Lugdunum (Lyon) wählte ihn 177 zum Bischof. Mit seiner Schrift „Adversus haereses" (Gegen die Ketzer), in der er die Fundamente des Christentums darlegte, wurde er zum Begründer der abendländischen Theologie. Um 202 verstorben, trägt er den Beinamen „Vater der Dogmatik" und zählt zu den Kirchenvätern.

Diethild, fränkische Prinzessin und Wohltäterin (6. Jh.); Paul I., Papst (8. Jh.); Vincentia Gerosa, italienische Ordensgründerin (19. Jh.)

29.

Petrus und Paulus

Die bedeutendsten Persönlichkeiten der Urchristenheit sind Petrus und Paulus. Die Kirche gedenkt beider am selben Tag, obwohl sie höchst unterschiedliche Charaktere waren und auf völlig verschiedenen Wegen zu Christus kamen: Petrus, ursprünglich Simon, war Fischer in Galiläa als ihn Jesu Ruf zum Jünger erreichte, zum wichtigsten zudem, denn der Herr sprach zu ihm: „Du bist Petrus, und auf diesen Felsen will ich meine Kirche bauen." Nach

der Kreuzigung war Petrus Führer der Jerusalemer Gemeinde, später der in Rom und damit erster Papst. Er erlitt unter Kaiser Nero um das Jahr 64 das Martyrium. Saulus, wie er ursprünglich hieß, kam aus dem kleinasiatischen Tarsus und gehörte zu den Christenverfolgern, bis ihm in Damaskus der Gekreuzigte erschien und aus Saulus Paulus wurde. Er ist der wichtigste Theologe der Frühzeit, der das Evangelium in alle Welt trug durch seine Reisen und Briefe. In Rom kreuzten sich die Wege der Apostel. Paulus erlitt wie der Glaubensbruder dort das Martyrium (um das Jahr 67).

Beata von Sens, Märtyrerin in Gallien (3. Jh.); Judith von Niederaltaich, Klausnerin (11. Jh.); Notker III. Labeo, schweizerischer Benediktiner (11. Jh.)

30.

Otto

Etwa 40-jährig wurde der schwäbische Adlige Otto 1102 Bischof von Bamberg. Lange bemühte er sich, den Streit zwischen Kaiser und Papst um die Bischofseinsetzung (Investitur) zu schlichten und konnte 1122 an der Einigung im Wormser Konkordat mitwirken. Ebenso erfolgreich waren seine Missionsreisen nach Pommern, wo er angeblich 22 000 Heiden taufen konnte. Otto segnete am 30. Juni 1039 das Zeitliche und ging als „Apostel der Pommern" in die Kirchengeschichte ein. Er ist Patron gegen Fieber und Tollwut.

Adolf von Tecklenburg, Bischof von Osnabrück (13. Jh.); Ernst von Pardubitz, Erzbischof von Prag (14. Jh.); Thibaut von Provins, französischer Einsiedler (11. Jh.)

Juli

1.

Ignatius Falzon

Tiefe Frömmigkeit zeichnete schon den Knaben Ignatius aus, der in La Valetta auf Malta 1813 zur Welt gekommen war. Er betete täglich den Rosenkranz und empfing nach Abschluss der Gymnasialzeit die niederen Weihen; zum Priestertum hielt er sich für nicht würdig genug. Trotzdem war er zeitlebens seelsorgerisch tätig, unterrichtete die Jugend und sprach zu den englischen Soldaten von seinem katholischen Glauben. 600 von ihnen konnte er bis zu seinem Tod am 1. Juli 1875, seinem 62. Geburtstag, bekehren.

Eckart, deutscher Prämonstratenser und Klostergründer (12. Jh.); Martin, Bischof von Vienne (3. Jh.); Theoderich (Dietrich) von Reims, Abt in Mont d'Or (6. Jh.)

2.

Bernardin Realino

Steil aufwärts wies die Karriere des 1530 im norditalienischen Carpi geborenen Anwalts und Mediziners Bernardin Realino, als ihm 1564 die Madonna erschien. Von Stund an gab er sein weltliches Leben auf, empfing 1567 die Priesterweihe, trat in den Jesuitenorden ein und wirkte von 1574 an über vier Jahrzehnte für den Orden im apulischen Lecce. Menschen zugewandt und beredt, zog er mit seinen Predigten die Gläubigen in Scharen an. Am 2. Juli 1616 starb er 85-jährig. 1947 wurde Bernardin heiliggesprochen.

Petrus von Luxemburg

Das Gefühl des Ungenügens war sein ständiger Begleiter: Als 15-Jähriger wurde Petrus von Luxemburg durch Erbe 1384 Bischof von Metz. Zur Amtseinführung kam er auf einem Esel, weil er meinte, das hohe Amt stehe ihm nicht zu. Nach einem Jahr gab er es daher auch auf und lebte fortan am päpstlichen Hof in Avignon, dessen Prunk er freilich nie mitmachte. Er widmete sich voll der Fürsorge für die Armen, denen er sein ganzes Vermögen opferte. Askese untergrub seine Gesundheit; er starb am 2. Juli 1387.

Processus und Martianus

Sie hatten den Auftrag, die verhafteten Apostel Petrus und Paulus im römischen Kerker zu bewachen: Die heidnischen Offiziere Processus und Martianus taten ihre Pflicht, waren aber von den Heiligen so beeindruckt und von der Glaubenskraft, die sie ausstrahlten, dass sich beide bekehrten. Offen bekannten auch sie sich in der Folgezeit zu Christus und wurden wenige Jahre nach dem Tod ihrer Bekehrer selber eingesperrt und enthauptet. Ihre Gebeine ruhen im Petersdom unter einem Altar im südlichen Querschiff.

Jakob Friedrich Bussereau, deutscher Ordensgründer (19./20. Jh.); Swithun, Bischof von Winchester (9. Jh.); Wiltrud, erste Äbtissin von Hohenwarth (11. Jh.)

3.

Thomas

Wie andere Apostel war Thomas vor der Berufung Fischer. Die bekannteste Geschichte über ihn: Er zweifelte Christi Auferstehung an, woraufhin ihm der Heiland erschien und ihn aufforderte, seine Wundmale zu berühren. Da fiel der „ungläubige Thomas“ nieder und rief: „Mein Herr und mein Gott!“ In der Folgezeit soll er in Indien missioniert haben, wobei er den Heiligen Drei Königen begegnet sei, sie getauft und zu Bischöfen ernannt habe. Um das Jahr 72 erlitt er in Kalamina (heute zu Madras) das Martyrium.

Anatolius, Patriarch von Konstantinopel (5. Jh.); Raimundus Lullus von Palma, Missionar in Nordafrika und Märtyrer (13./14. Jh.)

Juli

4.

Elisabeth

Den Vornamen gab ihr der Vater, König Pedro III. von Aragon, nach ihrer Großtante, der heiligen Elisabeth von Thüringen. Er verheiratete Elisabeth schon als 12-Jährige 1283 mit König Dionysius von Portugal, mit dem sie zwei Kinder hatte. Zwischen Sohn und Vater kam es zu derartigem Streit, dass Krieg drohte. Elisabeth konnte ihn in letzter Minute abwenden. Nach dem Tod ihres Mannes 1325 wurde sie Franziskaner-Terziarin, kümmerte sich um die Armen und förderte Klöster († 4. Juli 1336 in Estremoz).

Ulrich

Seinen Gebeten soll der Sieg Kaiser Ottos des Großen 955 auf dem Lechfeld über die Ungarn zu danken sein: Ulrich Graf von Dillingen war 30-jährig 923 Bischof von Augsburg geworden und nahm selbst an der Schlacht teil. Der Kaiser verlieh ihm zum Dank das Münzrecht für Augsburg. Der spartanisch lebende Ulrich wandte alle seine Mittel zum Wiederaufbau und für die Armenfürsorge auf. Im 50. Jahr seiner Amtszeit starb er tief betrauert am 4. Juli 973. Sein Grab wirkte Wunder und wurde Wallfahrtsort.

Andreas von Kreta, Metropolit von Gortyna und Hymnologe (7./8. Jh.); Bertha die Heilige, fränkische Prinzessin (6. Jh.); Pier Giorgio Frassati, italienischer Wohltäter (20. Jh.)

5.

Antonius Maria Zaccaria

Der 26-jährige Arzt wollte lieber Seelenheiler sein: Antonius Maria Zaccaria ließ sich 1528 zum Priester weihen, gründete den Orden der „Regularkleriker vom heiligen Paulus", auch Barnabiten genannt nach ihrer Kirche S. Barnaba in Mailand, und bald darauf auch die Kongregation der „Englischen Schwestern vom Heiligen Paulus", die Angeliken. Beiden lagen die Volksmission und die Hebung des sittlichen Niveaus am Herzen. Antonius starb am 5. Juli 1539 in Cremona. Leo XIII. sprach ihn 1897 heilig.

Dometios von Quros, Asket in Kleinasien (5. Jh.); Kyprilla von Cyrene, Märtyrerin in Libyen (3./4. Jh.); Wilhelm, Abt in Hirsau (11. Jh.)

6.

Goar

Aus Aquitanien (Südwestfrankreich) wanderte um 520 der etwa 25-jährige Priester Goar an den Rhein und richtete nördlich von Koblenz eine Einsiedelei ein. Dort pflegte er Kranke und gab Bettlern zu essen. Der Ruf seiner Frömmigkeit verbreitete sich rasch, und der König bot ihm die Nachfolge des Bischofs von Trier an. Goar betete daraufhin zu Gott, er möge ihn vor der viel zu hohen Ehre bewahren. Goar wurde erhört, erkrankte schwer und war bis zum Tod am 6. Juli 575 sieben Jahre ans Bett gefesselt.

Maria Goretti

500 000 Menschen auf dem Petersplatz wollten 1950 dabei sein bei der Heiligsprechung von Maria Goretti. Das 11-jährige Mädchen war am 5. Juli 1902 von einem Triebtäter so schwer verletzt worden, dass es tags darauf den Wunden erlag. Marias Vater, ein Bauer bei Nettuno, war erst kürzlich gestorben, und das Kind hatte der überlasteten Mutter bei der Versorgung der vier jüngeren Geschwister geholfen. Der Mörder fand in der Haft durch Visionen seines Opfers schließlich zur Reue und wurde Kapuziner.

Maria Theresia Gräfin Ledóchowska, österreichische Ordensgründerin (19./20. Jh.); Sexburga, Äbtissin von Sheppey und Ely (7. Jh.)

7. Willibald

Zu den angelsächsischen Glaubensboten, die unsere Heimat christianisiert haben, gehörte auch der um 700 geborene Willibald. Er erhielt 729 den päpstlichen Auftrag, Bonifatius in der Germanenmission zu unterstützen. Dieser weihte Willibald zum Priester und 741 zum Bischof des neu geschaffenen Bistums Eichstätt. 46 Jahre wirkte der tatkräftige Mann dort und errichtete den ersten Urdom, in dem er nach seinem Tod am 7. Juli 787 beigesetzt wurde. Die heutige Kirche wird daher auch Willibaldsdom genannt.

Benedikt XI., Papst (13./14. Jh.); Ethelburga, angelsächsische Äbtissin (7. Jh.); Roger Dickinson, englischer Priester und Märtyrer (16. Jh.)

8. Kilian

Aus Irland kam das Heil ins Frankenland: Der irische Priester Kilian erhielt in Rom den Auftrag, in Germanien zu missionieren, und ließ sich am Main nieder. Hier gelang ihm die Bekehrung des Herzogs, der sich daraufhin von der Witwe des Bruders trennte, mit der er zusammenlebte. Die Frau verzieh das Kilian nie. Von ihr gedungene Mörder lauerten ihm auf und erschlugen ihn 689. Die Täter und ihre Auftraggeberin verfielen in Wahnsinn – für die Mainfranken ein Beweis für die Macht der neuen Religion.

Auspicius, Bischof in Trier (5. Jh.); Disibod, irischer Einsiedler an der Nahe (7. Jh.); Hadrian III., Papst (9. Jh.)

9. Veronica Giuliani

Nach der Reformation achtete die Kirche besonders darauf, dass Wunder nicht vorgetäuscht wurden: Als die 1660 geborene Veronica Giuliani, seit 1677 Kapuzinerin in Città di Castello bei Perugia, 1696 die Wundmale Christi ausbildete, wurde sie daher schweren Prüfungen unterzogen. Jahrelang mussten sie ihre Mitschwestern als Betrügerin behandeln. Sie aber trug dies wie die Wundschmerzen mit Demut, ja Heiterkeit. Schließlich als Visionärin anerkannt, starb sie, 1716 zur Äbtissin berufen, am 9. Juli 1727.

Agilolf, Bischof von Köln (8. Jh.); Johanna Scopelli, italienische Karmelitin (15. Jh.); Adrian Jansen, niederländischer Märtyrer (16. Jh.); Wigfried, Erzbischof von Köln (10. Jh.)

10.

Knud, Olaf und Erik

Heilige drei Könige der nordischen Art: Knud war 1080 Herrscher von Dänemark geworden, förderte die Kirche und wurde während eines Gottesdienstes 1086 ermordet. Ebenso erging es Erik IX., König von Schweden seit 1150, der nach zehnjähriger fürsorglich-frommer Regierung einem Komplott zum Opfer fiel. Olaf II. herrschte seit 1015 über Norwegen. Er wurde 1028 auch wegen seines Einsatzes für die Christianisierung vertrieben und beim Wiederkehrversuch 1030 getötet. Gemeinsamer Gedenktag ist Knuds Todestag.

Amalberga von Tamise, flandrische Mystikerin (8. Jh.); Landfried, Abt von Benediktbeuren (8./9. Jh.); Pacificus von der Mark, italienischer Franziskaner (13. Jh.)

11.

Benedikt von Nursia

Er kam aus dem stillen Nursia (heute Norcia, Umbrien), wo er um 480 das Licht der Welt erblickt hatte, ins laute Rom zum Studium: Benedikt war von der Sittenlosigkeit dort entsetzt, floh in die Einsamkeit, wo er auf Gleichgesinnte traf. Mit einigen von ihnen gründete er 529 der Kloster Montecassino südöstlich von Rom und gab der Gemeinschaft eine Regel in 73 Kapiteln, die zum Vorbild für zahllose Klöster wurde. Benedikt, damit zum „Vater des abendländischen Mönchtums“ geworden, starb vermutlich 547.

Placidus

Im siebenten Jahrhundert wanderte der Benediktinermönch Placidus nach Graubünden, um dort das Evangelium zu verkünden. Er geriet in Konflikt mit dem Grafen von Chur, der um seinen Einfluss fürchtete und Placidus von seinen Knechten enthaupten ließ. Der Legende nach nahm der Getötete den abgeschlagen Kopf in die Hände, brachte ihn zu einem befreundeten Klosterbruder, der für die Bestattung des Ermordeten sorgte. Über der Grabstätte des Placidus entstand wenig später das Benediktinerkloster Disentis.

Abundius, Märtyrer in Córdoba (9. Jh.); Helga (Olga, Elena), Großfürstin von Russland (10. Jh.); Hildulf, Bischof von Trier (7. Jh.)

12. Johannes Gualbertus

Lange suchte er nach dem Mörder seines Bruders, doch als er ihn gefunden hatte und sich dieser reumütig ihm zu Füßen warf, verzieh ihm Johannes Gualbertus und verzichtete auf die geplante Rache. Beim Kirchenbesuch danach soll sich Christus am Kruzifix verneigt und ihn gesegnet haben. Daraufhin beschloss der um 995 in Florenz geborene Adlige sein Leben Jesus zu weihen. Er wurde 1013 Benediktiner, gründete 1039 die Abtei Vallombrosa und leitete sie gewissenhaft bis zum Tod am 12. Juli 1073.

Andreas (Anderl) Oxner von Rinn (bei Innsbruck), kleinkindlicher Märtyrer (15. Jh.); Jovinus, erster Bischof von Trient (4. Jh.); Leo I., Abt in La Cava bei Lucca (11. Jh.)

13. Heinrich II.

Weltliche Herrscher haben es schwer, den Stand der Heiligkeit zu erreichen. Heinrich II., 973 geborener Sohn des Bayernherzogs, deutscher König 1002, Kaiser 1014, ließ sich aber privat durch keusche Ehe mit Kunigunde und politisch vom Wort Gottes leiten, stiftete Klöster und gründete Bistümer. Nach seinem Tod am 13. Juli 1024 wurde er im Bamberger Dom beigesetzt. Im 16. Jahrhundert schuf Tilman Riemenschneider ein Hochgrab für ihn. Heinrich, 1146 heiliggesprochen, ist Patron Bambergs und Basels.

Clelia Barbieri, italienische Ordensgründerin (19. Jh.); Eugenius, Bischof von Karthago (5./6. Jh.); Jacobus de Voragine, Erzbischof von Genua (13. Jh.); Johannes Höver, deutscher Ordensgründer (19. Jh.)

14.

Kamillus von Lellis

Vom Spieler zum Heiligen – keine alltägliche Karriere: Der 1550 geborene Offizierssohn Kamillus wurde ebenfalls Soldat, musste wegen Verwundung ausscheiden und verwahrloste zusehends. Erst die Arbeit in einem römischen Spital wandelte ihn. Kamillus empfing 1584 die Priesterweihe und gründete den Orden der „Regularkleriker vom Krankendienst“, der die italienische Krankenpflege entscheidend verbesserte. Der am 14. Juli 1614 in Rom verstorbene Kamillus ist Patron aller Kranken und aller Pflegekräfte.

Ulrich von Zell

Von einer Pilgerreise ins Heilige Land zurückgekehrt, zog es den 1029 geborenen Regensburger Patrizier Ulrich ins geistliche Leben. Er verschenkte seinen Besitz und trat 1061 ins Reformkloster Cluny in Burgund ein. Vom Abt erhielt er den Auftrag, die Reformideen in Deutschland zu verbreiten, und gründete das Kloster Grüningen bei Freiburg, das er 1087 nach Zell im Schwarzwald, dem heute nach ihm benannten St. Ulrich, verlegte. Dort starb er am 14. Juli 1093; seine Gebeine ruhen in der Pfarrkirche.

Angelina von Marsciano, italienische Ordensgründerin (14./15. Jh.); Franz von Solano, spanischer Missionar (16./17. Jh.); Ghebre Michael, äthiopischer Märtyrer (19. Jh.)

Juli

15.

Bonaventura

Geboren vor 1221 als Giovanni di Fidanza, erhielt er den späteren Namen durch einen Ausruf von Franz von Assisi, dem er für glückliche Heilung dankte: „O bona ventura!“ (O gute Fügung!). Das war es auch für den Franziskanerorden, dem der in Paris ausgebildete Bonaventura beitrat und den er seit 1257 leitete. Zum Kardinalbischof ernannt, dirigierte er das Konzil von Lyon als Vorsitzender. Kurz vor Ende starb er am 15. Juli 1274. Er habe, rühmte man, der Theologie eine „liebeglühende Seele“ eingehaucht.

Rosalia

Sie hat wohl bis zur Mitte des 12. Jahrhunderts in einer Grotte auf dem Monte Pellegrino nördlich von Palermo gelebt: Rosalia, Tochter des Grafen Sinibald, die sich aus der Welt zurückgezogen hatte. Ihre Gebeine wurden 1624 entdeckt und am 15. Juli in den Dom von Palermo überführt. Dass Rosalie eine Heilige war, galt im Volk längst als ausgemacht und wurde nun bewiesen: Eine verheerende Pestepidemie in der Stadt kam am selben Tag zum Stillstand. Die Kirche S. Rosalia erinnert auf dem Berg an sie.

Ceslaus von Breslau, Dominikanerprovinzial (13. Jh.); Pompilius Maria vom heiligen Nikolaus Pirrotti, italienischer Mystiker (18. Jh.)

16.

Maria Magdalena Postel

Julie war sie 1756 getauft worden; den Namen Maria Magdalena nahm sie als Benediktinerin 1798 an. Sie hatte in ihrem Heimatort Barfleur (Normandie) eine kleine Schule eingerichtet, in der sie Mädchen ausbildete, die aus der Bahn geraten waren. 1807 gründete sie zum selben Zweck die Genossenschaft der „Schwestern der christlichen Schulen von der Barmherzigkeit" und übernahm eine alte Benediktinerabtei in St-Saveur-le-Vicomte, einem südlichen Vorort von Cherbourg. Dort starb sie am 16. Juli 1846.

Irmengard von Buchau, Äbtissin von Frauenchiemsee (9. Jh.); Reineldis (Reinhild), Märtyrerin in Flandern (7. Jh.); Valentin, Bischof von Trier (4. Jh.)

17.

Hedwig

1997 sprach Papst Johannes Paul II. eine Frau heilig, der er und seine Heimat viel zu verdanken haben: Hedwig, 1374 geborene Tochter des Ungarnkönigs Ludwig, mit elf Jahren dem litauischen Großfürsten Jagiello angetraut, bekehrte ihren Ehemann und christianisierte mit ihm, der inzwischen König von Polen geworden war, ihr Land. 1397 gründete die junge Königin eine theologische Fakultät an der Universität von Krakau. Dort vollendete sich ihr Leben am 17. Juli 1399; der Dom der Stadt beherbergt ihr Grab.

Alexius, Einsiedler bei Edessa in Kleinasien (5. Jh.); Justa und Rufina, Märtyrerinnen in Sevilla (4. Jh.)

18.

Answer

Aus Schlesien kam im 11. Jahrhundert der Benediktinermönch Answer (Ansuerus) in den deutschen Norden. Vom Kloster St. Georgi in Ratzeburg aus unternahm er seine Missionsreisen. Er wusste, dass er sein Leben riskierte, doch schreckte ihn dies nicht, wollte er doch ganz seinem Herrn Jesus nachstreben. Eines Sommertags im Jahr 1066 wurden er und einige Gefährten von heidnischen Bauern überfallen und zu Tode gesteinigt. Seine Gebeine gingen in der Reformationszeit unter; ein Answer-Kreuz erinnert an ihn.

Arnulf, Bischof von Metz (7. Jh.); Friedrich, Bischof von Utrecht und Märtyrer (9. Jh.); Simon von Lipnica, polnischer Franziskaner (15. Jh.)

19. Symphorosa

Ihr Mann war bereits als bekennender Christ der Verfolgung durch Kaiser Hadrian (regierte 117–138) zum Opfer gefallen: Das machte Symphorosa und ihre sieben Söhne in ihrem Glauben nicht irre, was wiederum die heidnischen Priester erbitterte. Sie schlugen dem Kaiser vor, die Familie bei der Einweihung eines neuen Tempels in Rom zum Opfern für die Götter zu zwingen. Symphorosa und ihre Söhne weigerten sich, ertrugen die bestialischen Foltern und gingen in den Tod. Glaubensgenossen begruben sie.

Ambrosius Autpertus, Abt von Benevent (8. Jh.); Bernulf (Bernold), Bischof von Utrecht (11. Jh.); Stilla von Abenberg, Jungfrau und Wohltäterin (12. Jh.)

20. Margarete von Antiochien

„Darfst du wohl verlangen, dass ich den Himmel aufgebe und dafür den Staub der Erde wähle?" Entschieden wies die schöne Christin Margarete aus Antiochia alle Annäherungsversuche des Präfekten Olybrios zurück. Rasend vor Grimm ließ er die Widerspenstige festnehmen und viehisch foltern. Doch alle Wunden, die sie empfing, heilten über Nacht wieder. Schlimmer noch: Viele Menschen ließen sich ob des Wunders taufen.

Da befahl Olybrios im Jahr 305 die Enthauptung. Margarete gehört zu den 14 Nothelfern.

Ansegius, Abt in Luxeuil und Fontanelle (9. Jh.); Bernhard, Bischof von Hildesheim (11. Jh.); Margarete von Ypern, flandrische Mystikerin (13. Jh.)

21.

Laurentius von Brindisi

Seinen bürgerlichen Namen Julius Caesar strafte der am 22. Juli 1559 in Brindisi geborene Laurentius gründlich Lügen: Er wurde Kapuziner und gab sich ganz dem Studium der Bibel hin, die er seine „Braut" nannte. Der gelehrte Mönch gründete Klöster in Österreich und predigte in Deutschland, dem Land der Reformation. Seine Schriften gegen Luthers Lehren förderten nachhaltig die Gegenreformation. Laurentius vollendete seinen frommen Lebenslauf auf einer Reise in Portugal an seinem 60. Geburtstag 1619.

Arbogast

Einer der zahlreichen Missionare irischer Herkunft, die im fränkischen Reich das Evangelium verbreiteten, war Arbogast. Er kam um 550 ins Elsass und ließ sich der Legende zufolge in einem Wald bei Hagenau als Einsiedler nieder. Wo er auftrat, sollen sich Wunder ereignet haben. So habe er den von einem Eber getöteten Sohn von König Dagobert II. wieder zum Leben erweckt und sei zum Dank dafür zum Bischof von Straßburg berufen worden. Bis zu seinem Ende 618 wirkte er segensreich für Stadt und Umland.

Alberico Cescitelli, italienischer Missionar und Märtyrer in China (19. Jh.); Praxedis, Wohltäterin und Kichenstifterin in Rom (2. Jh.); Victor, Märtyrer in Marseille (3. Jh.)

22. Maria Magdalena

Eine Frau in Jesu nächster Nähe, das musste die Fantasie von Künstlern beflügeln: Maria Magdalena (aus Magdala am See Genezareth) war nach biblischer Überlieferung Jüngerin des Herrn, Zeugin seines Sterbens sowie der Beisetzung und die erste, die den Auferstandenen am Ostersonntag sehen, aber nicht berühren („Noli me tangere!") durfte. Sie verbreitete die Nachricht vom leeren Grab. Ihr ferneres Schicksal ist von Legenden überwuchert. Sie ist Patronin zahlreicher Berufe und der reuigen Sünderinnen.

Eberhard von Berg, Abt in Georgenthal (12. Jh.); Hieronymus, Bischof von Pavia (8. Jh.); Wandregisil (Wando), erster Abt in Fontanelle (7. Jh.)

23. Apollinaris

Herkunft, Lebenszeit, Todesumstände schwanken in den Legenden: So weiß eine Version, dass Apollinaris zusammen mit dem Apostel Petrus aus

Antiochia nach Rom gekommen und von dort nach Ravenna als Missionar geschickt worden sei. Dass er dort wirkte, Wunder tat und ums Leben kam, ist unstrittig. Die weltberühmte dreischiffige Basilika S. Apollinare in Classe aus dem 6. Jahrhundert erinnert an ihn. Er ist Patron von Ravenna, aber auch von Düsseldorf und Remagen, weil Reliquien dorthin gelangt sein sollen.

Birgitta

Birgitta, 1303 bei Uppsala zur Welt gekommen, hatte schon als Kind Christus-Visionen, heiratete, bekam acht Kinder und zog sich nach dem Tod ihres Mannes in die Einsamkeit zurück. Sie kümmerte sich um die Armen, entwarf eine Ordensregel, erhielt vom König das Landgut Vadstena am Nordostufer des Vättern-Sees geschenkt, wo sie den Birgittenorden etablierte, der 1370 päpstlich anerkannt wurde. Birgitta starb auf einer Pilgerreise in Rom am 23. Juli 1373. Sie wurde 1998 zu Schutzheiligen Europas erklärt.

Liborius

Fast ein halbes Jahrhundert lang, von 348 an, war Liborius Bischof von Le Mans. Ein halbes Jahrtausend später schenkte sein damaliger Nachfolger Aldrich im Jahr 836 die Reliquien seinem Amtsbruder Baduard von Paderborn und begründete so eine immerwährende Freundschaft der beiden Bistümer. Am 23. Juli wird seitdem in Westfalen das Liborifest und am 25. Oktober, dem Datum der Übertragung der Gebeine, „Klein-Libori" gefeiert. Liborius ist Patron gegen Steinleiden, Koliken, Wassersucht und Fieber.

Johannes Cassianus, Klostergründer bei Marseille (5. Jh.); Vasil Hopko, slowakischer Weihbischof (20. Jh.)

Juli

24.

Christina von Bolsena

Auf bestialischste Weise versuchte der Vater die von einer Dienerin zu Christus bekehrte Christina zur „Vernunft“ und schließlich wegen Misserfolgs zu Tode zu bringen. Das überlebten viele der über sie um 287 Gericht haltenden Personen nicht, auch der mordwütige Vater kam um. Christina aber blieb stets unversehrt, bis sie schließlich von Pfeilen getötet wurde. In der ihr geweihten Kirche in Bolsena ereignete sich 1263 das „Blutwunder“ bei der Wandlung, das zur Einführung des Fronleichnamsfestes führte.

Christophorus

Im 3. Jahrhundert soll der riesenhafte Soldat Reprobus Menschen über einen reißenden Fluss geholfen haben. Einmal trug er ein Kind hinüber, dessen Last mitten im Fluss so gewaltig wurde, dass der Hüne meinte, er trage die ganze Welt. Das Kind drückte ihn unter Wasser, taufte ihn auf den Namen Christophorus und sagte: „Du hast mehr als die Welt getragen. Christus war deine Bürde.“ Da erkannte der Riese Jesus als seinen Herrn und diente ihm bis zum Märtyrertod. Er ist Schutzheiliger aller Reisenden.

Balduin, Abt in Rieti (12. Jh.); Boris und Gleb, russische Fürsten und Märtyrer (11. Jh.); Gerburg, Äbtissin von Gandersheim (9. Jh.); Kinga (Kunigunde), polnische Klarissin (13. Jh.)

25.

Jakobus der Ältere

Der Evangelist Johannes war sein Bruder, mit ihm und Petrus gehörte der ältere Jakobus zu den Lieblingsjüngern Jesu. Er nahm dessen Auftrag „Lehret alle Völker!“ ernst und soll das Evangelium bis nach Spanien gebracht haben. Wieder daheim in Jerusalem, erlitt Jakobus Ostern 44 als erster Apostel das Martyrium. Seine Gebeine wurden später vor den Arabern nach Spanien gerettet und unter einer am 25. Juli 816 geweihten Kirche, der heutigen Kathedrale des Wallfahrtsortes Santiago de Compostela, beigesetzt.

Beatus, Einsiedler bei Trier (7. Jh.); Glodesindis, Klostergründerin in Metz (7. Jh.); Thea, Märtyrerin im palästinensischen Gaza (3. Jh.)

26.

Anna und Joachim

Schon 20 Jahre waren der alte Priester Joachim und Anna verheiratet und hatten die Hoffnung auf ein Kind fast aufgegeben. Da erschien beiden ein Engel und verkündete die wenige Tage später erfolgende Geburt der Tochter Maria. Ob Joachim den Enkel Jesus noch erlebt hat, ist nicht überliefert. Anna wird in der Kunst oft mit Maria und dem Heiland dargestellt („Anna selbdritt“). Jesu Großeltern sind Schutzheilige der Eheleute; ihr Gedenktag wurde vom 2. Vatikanischen Konzil auf den 26. Juli gelegt.

Bartholomäa Maria Capitanio, italienische Ordensgründerin (19. Jh.); Ratpero, Einsiedler in Rötsee im Allgäu (11. Jh.); Titus Brandsma, niederländischer Märtyrer (KZ Dachau 1942)

27.

Pantaleon

Er ist einer der 14 Nothelfer und Patron der Ärzte und Kranken: Im 3. Jahrhundert in Nikomedia geboren, entwickelte sich Pantaleon zu einem großen Heilkundigen. Kaiser Maximian machte ihn zu seinem Leibarzt. Als dem Nachfolger Galerius hinterbracht wurde, dass Pantaleon Christ war, ließ er den Arzt in den Kerker werfen und ihn nach der Weigerung, Christum abzuschwören, im Jahr 305 enthaupten. Die Reliquien des Heiligen kamen zum Teil nach Köln, wo sie in der Kirche St. Pantaleon verehrt werden.

Berthold von Rachez, erster Abt in Garsten bei St. Pölten (12. Jh.); Coelestin I., Bischof von Rom (5. Jh.); William Davies, englischer Märtyrer (16. Jh.)

28.

Nazarius und Celsus

Vermutlich war Nazarius zunächst als Missionar im Westen des Römischen Reiches unterwegs, ehe er nach Mailand zurückkehrte und mit seinem Schüler Celsus 304 Opfer der Christenverfolgung Kaiser Diokletians wurde. Bischof Ambrosius soll den unverwesten Leichnam des Nazarius und die Gebeine des Celsus 395 in einem Garten vor den Stadtmauern gefunden, dem Celsus eine neue Basilika erbaut und Nazarius die Kirche S. Nazario vor der Porta Romana gewidmet haben. Man verehrt beide als Patrone der Kinder.

Lupus

Schon sein biblisches Alter ließ Lupus, 383 im gallischen Toul geboren, den Zeitgenossen verehrungswürdig erscheinen. Als er 479 in die Ewigkeit einging, hatte er über 50 Jahre lang das Bistum Troyes südlich von Reims geführt. Er war mit Einverständnis seiner Frau Pimeniola, einer Schwester von Erzbischof Hilarius von Arles, Geistlicher geworden und hatte nach einer Zeit im Kloster Lérins die Bischofswürde erhalten. Beim Hunneneinfall von 451 konnte er König Attila durch Verhandlungen milde stimmen.

Achatius, Märtyrer in Milet (4. Jh.); Pedro Poveda Castroverde, spanischer Märtyrer (20. Jh.); Victor I., Bischof von Rom (2. Jh.)

29.

Martha von Bethanien

Das Johannesevangelium sagt, dass Christus Martha, ihren Bruder Lazarus und ihre Schwester Maria „lieb hatte“. Oft weilte er in ihrem Haus in Bethanien bei Jerusalem, und als Lazarus starb, flehte ihn Martha um Hilfe an. Die Wiedererweckung des Verstorbenen ist eins der bewegendsten Wunder im Neuen Testament. Die Legende weiß, dass Martha nach des Herrn Tod und Auferstehung nach Marsilia (Marseille) verschlagen wurde, dort ein Kloster gründete und in Tarascon starb: Die Kirche Sainte-Marthe erinnert an sie.

Felix, Märtyrer in Rom (3./4. Jh.); Olaf, König von Norwegen und Märtyrer (11. Jh.); Urban II., Papst (11. Jh.)

30.

Petrus Chrysologus

Ende des 4. Jahrhunderts in Imola geboren, wurde Petrus 424 Bischof von Ravenna, das damals Hauptstadt des Weströmischen Reiches war und unter ihm Erzbistum wurde. Gelehrt wie wenige, verstand Petrus doch volkstümlich und kurz – nie länger als 15 Minuten – zu predigen, was ihm den Ehrennamen „Chrysologus“ (Goldredner) eintrug. 183 seiner Gottesdienstansprachen haben sich erhalten. Zum Sterben kehrte er 450 in seine Heimatstadt zurück. Der Patron gegen Fieber und Tollwut ruht im Dom von Imola.

Rufinus von Assisi

Eine der schönsten romanischen Kirchen Umbriens steht in Assisi und ist dem heiligen Rufinus geweiht, dem angeblich ersten Bischof der Stadt. Der nach ihm benannte Dom S. Rufino wurde Mitte des 12. Jahrhunderts begonnen und mit herrlichen Portalen und Rosetten geschmückt. Über dem kunstvollen Taufbecken im Innern sind Kaiser Friedrich II., Franz von Assisi und die heilige Klara im Namen des Vaters, des Sohnes und des Heiligen Geistes getauft worden. Rufinus hat der Stadt offenbar Segen gebracht.

Abdo und Sennis, Märtyrer in Persien (3. Jh.); Batho, Mönch in Freising (11. Jh.); Helena von Skövde, schwedische Märtyrerin (12. Jh.); Ingeborg, Königin von Frankreich (13. Jh.)

31.

Ignatius von Loyola

Eine Verwundung warf den 30-jährigen spanischen Offizier Iñigo de Recaldo y Loyola 1521 für lange Zeit aufs Krankenbett. Dabei kam er zur Besinnung und beschloss, sich dem geistlichen Leben zu weihen. Er entwarf eine Regel für den 1534 gegründeten Orden der Gesellschaft Jesu, dessen Ziel die Bildung zum disziplinierten „Miles christianus" (christlichen Soldaten) mit unbedingtem Kirchengehorsam ist. Der Jesuitenorden des Ignatius, der am 31. Juli 1556 in Rom starb, wurde zum Träger der Gegenreformation.

Germanus, Bischof von Auxerre (5. Jh.); Goswin Nickel, deutscher Jesuitengeneral (17. Jh.); Zdenka (Cecilia) Schelingova, slowakische Nonne (20. Jh.)

Alfons Maria di Liguori

Verwöhnt von Erfolgen, traf es den 1696 geborenen adligen Juristen Liguori wie ein Schock, als er 1723 einen Prozess verlor. Die Begegnung mit Schwerkranken gab den letzten Anstoß: Alfons Maria wurde Priester und gründete 1731 den Orden der Redemptoristen, der sich die Volksmission zum Ziel setzte. Er selbst verfasste vor allem moraltheologische Schriften. 111 Werke aus seiner Feder zählte man, als er am 1. August 1787 starb. 1871 zum Kirchenlehrer erhoben, ist er Patron der Beichtväter und Sittenlehrer.

Petrus Faber

Geboren als Pierre Favre 1806 in Villaret (Savoyen), nannte sich der frühe Weggenosse des Ignatius von Loyola als Mitbegründer von dessen Gesellschaft Jesu latinisiert Petrus Faber. Zusammen mit Petrus Canisius gründete er 1544 das erste Ordenshaus der Jesuiten in Deutschland. Zahlreiche Missionsreisen führten ihn nach Spanien und Portugal sowie 1546 nach Italien, wo er am 1. August des Jahres erst 40-jährig starb und beigesetzt wurde. 1872 wurde der Kult des Petrus Faber päpstlich approbiert.

Petrus Julianus Eymard

Mit 23 Jahren empfing der 1811 bei Grenoble geborene Pierre Eymard die Priesterweihe und war zwei Jahrzehnte lang als Pfarrer tätig. 1856 gründete er in Paris die Gemeinschaft der „Eucharistiner“, die sich wie ihr später entstandener weiblicher Zweig der „Dienerinnen des allerheiligsten Altarsakraments“ die Ausgestaltung und Förderung des Abendmahls zur

Aufgabe machten. Petrus Julianus, so der Ordensname, rief noch weitere Bruderschaften ins Leben, ehe er am 1. August 1868 in seiner Heimat starb.

Aleksy (Alexius) Sobaszek, polnischer Märtyrer (KZ Dachau 1942); Sophia von Mailand, Märtyrerin (1. Jh.); Ulrich, Propst von Ursberg in Bayern (12. Jh.)

2. Eusebius

Auf Sardinien um 283 zur Welt gekommen, in Rom ausgebildet und zum Priester geweiht, wurde Eusebius 340 Bischof von Vercelli (Piemont). Er führte für seine Geistlichen das gemeinsame Leben in halbklösterlichen Einrichtungen ein. 355 nahm er am Konzil von Mailand teil, das Athanasios, Patriarch von Alexandria, verurteilte. Dagegen wandte sich Eusebius mit ganzer Schärfe, wurde vom Kaiser nach Palästina verbannt und konnte erst 363 zurückkehren und weiter gegen den Arianismus kämpfen († 1. August 371).

Gunzo (Gundekar II.), Bischof von Eichstätt (11. Jh.); Serenus, Bischof von Marseille (6./7. Jh.); Stephanus I., Bischof von Rom (3. Jh.)

3. Burchard

1126 gründete Hemma von Wildenburg ein Prämonstratenserkloster in Rot (Württemberg) an der Rot und fand in Burchard den ersten Propst, der aus dem Mutterhaus des Ordens in Prémontré kam. Er zog viele weitere Mönche an und sorgte für einen raschen Aufstieg seiner Abtei. 1138 gründete er auf Bitten des Bischofs von Brixen in Wilten bei Innsbruck ein weiteres Kloster, das aufgrund seines Rufes als ebenso frommer wie gelehrter Mann ebenfalls florierte. Zwei Jahre später starb Burchard am 3. August 1140.

August Kazotic, Dominikaner und Bischof von Agram (14. Jh.); Benno von Einsiedeln, Bischof von Metz (10. Jh.); Martin, Klausner am Montecassino (6. Jh.)

4.

Jean (Johannes) Maria Vianney

Sein Wunsch, Priester zu werden, wäre ums Haar gescheitert, denn der 1786 geborene Bauernsohn Jean Vianney schaffte den Stoff nicht. Als er 1815 die Weihe empfing, geschah das in Anerkennung seiner großen Mühe. Die gab sich der Pfarrer dann auch mit der völlig entkirchlichten Gemeinde Ars-sur-Fromans bei Lyon. Und er bewirkte das Wunder: Nach einigen Jahren blühte das christliche Leben wieder derart, dass von weither die Menschen kamen. Beim Tod am 4. August 1859 stand Vianney bereits im Ruf der Heiligkeit.

Justinus, Märtyrer in Rom (3. Jh.); Rainer, Erzbischof von Spalato (heute Split, 12. Jh.); William Horne, englischer Mönch und Märtyrer (16. Jh.)

5.

Oswald

Ein Heiliger der tatkräftigen Art: Der 604 geborene Oswald, Sohn des Königs von Northumbria, musste fliehen, als der Vater bei einem Aufstand umkam. Nach einer Zeit im Kloster eroberte er das geerbte Reich mit Waffengewalt zurück, widmete sich der Christianisierung und gründete 635 das Kloster Lindisfarne auf Holy Island. 642 kam es zum Krieg gegen den heidnischen König von Mercia, in dem Oswald am 5. August fiel. Iroschottische Mönche verbreiteten den Ruhm des mildtätigen Königs in ganz Europa.

Dominika, florentinische Mystikerin (16. Jh.); Nona (Nonna), Basilianer-Nonne in Nazianz (4. Jh.); Stanislaus Hosius, polnischer Kardinal (16. Jh.)

6. Hormisdas

Neun Jahre dauerte das Pontifikat des aus Frosinone (Latium) stammenden Hormisdas: 514 bestieg er den Stuhl Petri und konnte schon bald erreichen, dass sich die Bischöfe der wegdriftenden Ostkirche wieder dem päpstlichen Primat unterwarfen, darunter auch der Patriarch Johannes II. Kappadokes von Konstantinopel. Kurz vor seinem Tod am 6. August 523 erlebte der Papst noch zu seiner Freude, dass Wandalenkönig Trasamund die gewalttätigen Verfolgungen der katholischen Kirche in Nordafrika einstellte.

Magnus, Bischof von Apulien und Märtyrer (3. Jh.); Schetzel, Einsiedler in Luxemburg (12. Jh.)

7. Afra

Der Legende nach war Afra eine Tochter des Königs von Zypern, wurde nach Augsburg verschlagen und betrieb dort mit ein paar Gespielinnen ein Bordell. Auf der Flucht vor kaiserlichen Häschern kehrte bei ihr ohne Kenntnis des Betriebs Bischof Narcissus ein, dessen Tischgebet Afra so erschütterte, dass sie sich taufen ließ und das Freudenhaus schloss. Darüber erboste Bürger zeigten sie daraufhin als Christin an. Sie wurde wohl im Jahr 304 enthauptet. Afra ist Patronin der Büßerinnen und reuigen Dirnen.

Kajetan von Thiene

„Suchet zuerst Gottes Reich und seine Gerechtigkeit, dann werden euch alle Dinge hinzugefügt werden.“ Den Wahlspruch des von Kajetan, geboren 1480 in Thiene bei Vicenza, 1524 gegründeten Ordens der Theatiner oder „Regulierten Kleriker“ beherzigte der Gründer stets. Er war 1516 von der Juristerei zur Theologie gekommen und hatte sich die Förderung von Frömmigkeit und Nächstenliebe zur Aufgabe gemacht. Seine Klöster verbreiteten sich rasch, er selbst leitete eines in Neapel, wo er am 7. August 1547 starb.

Jordanus Forzaté

Padua war seine Heimat: Hier kam Jordanus Forzaté 1158 zur Welt, hier trat er in den Kamaldulenserorden ein, und hier wurde er 1194 Prior des Klosters S. Benedetto Novelli. Aktiv arbeitete er in der Stadtpolitik mit und war an der Gründung des ostlombardischen Bundes beteiligt. In dessen Konflikt mit Kaiser Friedrich II. geriet Jordanus 1236 in Gefangenschaft und kam erst drei Jahre später wieder frei. Die letzten Jahre lebte er im Kloster Celestia in Venedig, wo er hochbetagt am 7. August 1248 verschied.

François Noury (Agathangelus), französischer Missionar und Märtyrer in Äthiopien (17. Jh.); Albert von Trappani, Karmeliterprovinzial von Sizilien (13./14. Jh.)

8.

Cyriacus

Bei Anfechtungen in der Sterbestunde wird als einer der 14 Nothelfer Cyriacus angerufen, der auch Patron der Zwangsarbeiter und gegen Versuchungen durch böse Geister ist. Er erlitt im Jahr 305 wegen Verweigerung des Götzendienstes das Martyrium unter Kaiser Maximian, der ihn vorher jahrelang Sklavenarbeit beim Bau einer Thermenanlage hatte leisten lassen. Obwohl der vormalige Archidiakon von Papst Marcellinus eine besessene Kaisertochter hatte heilen können, entging er der Christenverfolgung nicht.

Dominikus

In Spanien um 1170 geboren und zum Theologen ausgebildet, erlebte Domingo (Dominikus) de Guzman 1206 bei einer Reise nach Rom durch Südfrankreich die Ketzerbewegung der Albigenser und ihre straffe Organisation. Mit ähnlichen Mitteln wollte er ihnen entgegentreten und gründete 1215 eine Predigergemeinschaft, den späteren Dominikanerorden. Dank seiner unvergleichlichen Redegabe strömten die Menschen ihm zu und bekehrten sich in großer Zahl. Auf einer Missionsreise rief ihn Gott 1221 in Bologna zu sich.

Eusebius, Bischof von Mailand (5. Jh.); Hugolina, Einsiedlerin bei Novara (13. Jh.); Wardo (Gerhard Quadro), deutscher Pilger und Einsiedler (12. Jh.)

9.

Edith Stein

„Im Vernichtungslager ist sie als Tochter Israels zur Verherrlichung des heiligsten Namens und zugleich als Schwester Theresia Benedicta vom Kreuz gestorben.“ Mit diesen Worten sprach Papst Johannes Paul II. 1998 die als Jüdin in Breslau 1891 geborene Karmelitin Edith Stein heilig. Durch Zweifel am alttestamentarischen Gott ihrer Kindheit und das Philosophiestudium war sie vom Wissen zum Glauben gekommen und hatte in Hingabe an den Gekreuzigten am 9. August 1942 das Martyrium im KZ Auschwitz erlitten.

Altmann

Der Papst war mächtig. Seine Anhänger in Deutschland bewahrte das freilich nicht vor kaiserlicher Verfolgung: Weil der um 1015 geborene und seit 1065 als Bischof von Passau amtierende Altmann im Streit um die Einsetzung (Investitur) von Bischöfen sich gegen den Kaiser gestellt hatte, musste er 1078 nach Österreich in die Verbannung. Im Kloster Göttweig residierte er fortan und wurde 1080 päpstlicher Vikar für Deutschland, wohin er vor seinem Tod im Jahr 1091 allerdings nicht zurückkehren konnte.

Hathumar, erster Bischof von Paderborn (9. Jh.); Johannes, Klostergründer in Salerno (13. Jh.); Romanus, Märtyrer in Rom (3. Jh.)

10.

Laurentius

Als der römische Bischof Sixtus während der Christenverfolgungen Kaiser Valerians zum Tod verurteilt worden war, klagte sein Diakon Laurentius, dass er nicht mitsterben dürfe. Der Verurteilte tröstete: Er werde in drei Tagen nachfolgen; derweil solle er die Kirchenschätze an die Armen austeilen. Als des Kaisers Häscher kamen, wies Laurentius nur leere Truhen vor und auf die Bekehrten vor seinem Haus: Sie seien die wahren Kirchenschätze. Der wutschnaubende Kaiser ließ ihn am 10. August 258 totquälen.

Asteria (Astrid), Mystikerin in Bergamo (3./4. Jh.); Erik „Plovpenning", König von Dänemark und Märtyrer (13. Jh.); Plektrudis, fränkische Königin und Wohltäterin (8. Jh.)

11.

Klara von Assisi

Im Jahr 1212 floh die 18-jährige Chiara (Klara) dei Scifi aus ihrem vornehmen Elternhaus in Assisi und beschloss, es dem Franz(iskus) nachzumachen: auf jeden Besitz zu verzichten und ganz dem Glauben zu leben. Sie ließ sich bei dem Kirchlein S. Damiano nieder und sammelte gleichgesinnte Frauen um sich, woraus der Klarissenorden entstand, der weibliche Zweig der Franziskaner. Klara, seit 1224 ans Bett gefesselt, erlebte kurz vor dem Tod am 11. August 1253 noch die päpstliche Bestätigung ihres Ordens.

Géry (Gaugerich), Bischof von Cambrai (6./7. Jh.); Nikolaus von Kues, deutscher Philosoph und Bischof von Brixen (15. Jh.); Taurinus, erster Bischof von Évreux (5. Jh.)

12.

Innozenz XI.

Hart gegen sich und andere: Der als Benedetto Odescalchi 1611 geborene und seit 1676 amtierende Papst Innozenz XI. lebte asketisch, verbannte den Prunk aus seinem Umfeld, verweigerte dem französischen König die Anerkennung der von diesem eingesetzten Bischöfe und schmiedete ein Bündnis des Reichs mit Polen gegen die Türken. Mit seinem bedeutenden finanziellen Beitrag hatte er maßgeblichen Anteil am Sieg in der Schlacht am Kahlenberg 1683. Sein Tod am 12. August 1689 löste nicht nur Trauer aus.

Jeanne (Johanna) Françoise (Franziska) Frémyot de Chantal

Behütete Kindheit, glückliche Ehe, fröhliche Kinder – und doch nicht die Erfüllung: Die 1572 geborene Jeanne versenkte sich nach dem Tod ihres Mannes ganz in ihren Glauben, begegnete Franz von Sales und gründete mit ihm 1610 den Orden „Von der Heimsuchung Mariens", die Salesianerinnen. Sie gelobten ein heiligmäßiges Leben der Zuwendung zum Nächsten. Als Johanna im Jahr 1641 in Moulins starb, gab es schon 40 Ordenshäuser in Frankreich. Sie ist Patronin für eine glückliche Entbindung.

Karl Leisner, deutscher Märtyrer (KZ Dachau 1945); Noting, Bischof von Konstanz (10. Jh.); Radegund von Thüringen, fränkische Königin (6. Jh.)

13.

Johannes Berchmans

Der Vater, Schumacher im flämischen Diest, war zu arm, als dass er den begabten, 1599 geborenen Sohn Johannes hätte ausbilden lassen können. Ein Geistlicher half, so dass der Jüngling mit 17 Jahren als Jesuit nach Rom zum Studium gehen konnte. Dort war er bei seinen Mitbrüdern wegen seiner Herzlichkeit bei strikter Einhaltung der Ordensregel beliebt.

Sein Vorbild war der heilige Aloysius. Nach dem frühen Tod am 13. August 1621 wurde Johannes wie dieser 1888 zum Patron der studierenden Jugend erhoben.

Hippolyt

Als etwa 50-Jähriger wurde Hippolyt um 220 nach scharfer Kritik am amtierenden Bischof von Rom von seinen Anhängern zum Gegenbischof ausgerufen. Er hatte sich mit theologischen Schriften u.a. gegen den Gnostizismus einen Namen gemacht. Auf Weisung von Kaiser Maximinus Thrax musste er im Jahr 235 nach Sardinien in die Verbannung. Hippolyt dankte ab und erlag bald darauf den Strapazen der Zwangsarbeit. Am 13. August 236 wurde er in Rom beigesetzt. Er ist Patron von St. Pölten (verballhornt aus „Polytus“).

Pierre (Benildus) Romançon, französischer Schulgründer (19. Jh.); Conan O'Rourke, irischer Märtyrer (16. Jh.); Marco von Aviano, italienischer Prediger (17. Jh.)

14.

Eusebius

Um das Jahr 350 soll der Römer Eusebius von den Häschern des Kaisers Constantius II. eingekerkert und ermordet worden sein, weil er zu scharf gegen die Arianer vorging, so die nicht verbürgte Überlieferung. Als gesichert dagegen gilt, dass der Priester vor seinem Tod eine der heute ältesten Kirchen der Ewigen Stadt gestiftet hat: S. Eusebio an der Piazza Vittorio Emanuele II., erstmals 474 erwähnt. Äußerlich unscheinbar und durch Gitter von der Straße getrennt, birgt sie die Reliquien des Heiligen.

Maximilian Kolbe

Im Juli 1941 floh aus einem Block des KZ Auschwitz ein Häftling. Zur Strafe wurde jeder 10. Insasse des Blocks zum Hungertod verurteilt, darunter der junge Familienvater Gajowniczek. Daraufhin meldete sich der Franziskaner-Pater Maximilian (bürgerlich: Raymond) Kolbe und bot sich als Ersatzmann an. Nach einem Monat nahrungsloser Dunkelhaft war der 47-Jährige immer noch am Leben und wurde am 14. August durch eine Phenolinjektion getötet. Papst Johannes Paul II. sprach ihn am 10. Oktober 1982 heilig.

Eberhard, erster Abt in Einsiedeln (10. Jh.); Ursicinus, Märtyrer in Illyrien (5. Jh.); Werenfried, Missionar in Friesland (8. Jh.)

15.

Arnulf

Er wollte das hohe Amt nicht: Arnulf, um 1040 geborener flämischer Adliger und Einsiedler, versteckte sich, als ruchbar wurde, man wolle ihn zum Abt des Klosters Saint-Médard bei Soissons berufen. Es half ihm nichts: Ein Wolf stöberte ihn auf, und er nahm das als Zeichen des Höchsten, dass er sich der Pflicht stellen müsse. Das tat er dann mit Nachdruck durch Unterstützung der Reformen Papst Gregors VII. 1081 obendrein zum Bischof bestimmt, legte Arnulf 1085 sein Amt nieder und starb am 15. August 1087.

Altfried, Bischof von Hildesheim (9. Jh.); Haymon (Aimo) Taparelli, italienischer Dominikaner (15. Jh.); Mechthild von Helfta, deutsche Mystikerin (13. Jh.)

16.

Rochus von Montpellier

Er wirkte im frühen 14. Jahrhundert, Genaueres ist nicht belegt. Hingegen weiß die Legende, dass der aus Montpellier stammende Rochus ein Wunderheiler war, der Pestkranke allein durch das Kreuzeszeichen gesunden ließ. Ehe sich sein Ruhm aber verbreiten konnte, zog er weiter. Schließlich selbst an Pest erkrankt, pflegte ihn ein Engel gesund. Nach den langen Pilgerjahren sperrte man ihn bei der Heimkehr als Spion ein. Erst nach dem Tod am 16. August 1327 erkannte man ihn an einem kreuzförmigen Muttermal.

Stephan I. von Ungarn

Symbolträchtiges Datum: Am Weihnachtstag des Jahres 1000 ließ sich der 30-jährige Arpadenprinz Stephan mit einer vom Papst gestifteten Krone zum ersten König seiner Heimat Ungarn krönen. Er hatte die einigende Kraft des Christentums erkannt und setzte es nun als Mittel gegen widerspenstige Stammesfürsten ein, einigte unter dem Kreuz, notfalls mit Gewalt, sein Reich und gab ihm eine ganz auf den Herrscher ausgerichtete Verfassung. In ihm verehren die Ungarn seit seinem Tod 1038 den Patron ihres Landes.

Angelus Augustinus Mazzinghi, florentinischer Karmeliter (15. Jh.); Beatrix da Silva Meneses, spanische Ordensgründerin (15. Jh.); Friedrich Joseph Haass, deutsch-russischer Arzt (19. Jh.)

17.

Amor

Ob ihn die liebliche Landschaft anzog oder der freundliche Menschenschlag? Amor kam von weither als Missionar in den Odenwald und blieb dort in dem von ihm 734 gegründeten Kloster Amorbach, um das sich das spätere Städtchen bildete. Dort beschloss der erste Abt auch sein frommes und arbeitsreiches Leben um das Jahr 777. Die ehemalige Abteikirche, heute evangelisches Gotteshaus, ist zur 1000-Jahr-Feier zu einem barocken Schmuckstück in schönem Kontrast zu den romanischen Türmen ausgebaut worden.

Eusebius, Bischof von Rom und Märtyrer (4. Jh.); Guda (Jutta) von Arnstein, deutsche Klausnerin (12. Jh.); Jeanne Delanoue (Johanna vom Kreuz), französische Ordensgründerin (17./18. Jh.)

18.

Helena

Nicht unwesentlich dazu beigetragen, dass Kaiser Konstantin als „der Große" in die Geschichte eingegangen ist, hat seine um 255 geborene Mutter Helena. Sie war seit 312 Christin und hat durch ihren Glauben und den Einfluss auf den Sohn die Verwandlung des Römischen Reiches in einen christlichen Staat befördert. Für die Kirchengeschichte ist sie als Auffinderin des Kreuzes Christi und als Bauherrin zahlreicher Gotteshäuser von höchster Bedeutung. Sie starb als eifrige Pilgerin 330 in Kleinasien.

Claudia, Äbtissin in Genf (15. Jh.); Rainald von Concoregio, Erzbischof von Ravenna (13./14. Jh.)

19.

Jean (Johannes) Eudes

Während einer Pestepidemie in seiner normannischen Heimat empfand der 1601 geborene Priester Jean Eudes tief, dass den Leidenden und Sterbenden nichts so sehr half wie der geistliche Zuspruch. Er gründete 1643 die „Kongregation von Jesus und Maria", die sich Predigerausbildung und Volksmission zur Aufgabe setzte. Die diesem Orden angehörenden Priester, auch Eudisten genannt, bemühten sich, allen voran Jean, die frohe Botschaft Christi populär zu machen. Der Gründer starb am 19. August 1680 in Caen.

Sebaldus

Viel mehr, als dass er bei den Nürnbergern des 11. Jahrhunderts sehr beliebt war, weiß man vom Einsiedler Sebaldus nicht, der sich damals in einem Wald nahe der Stadt niedergelassen hatte. Nicht einmal woher er kam ist überliefert, weswegen sich die Heiligsprechung des Patrons der Stadt bis 1425 hinzog. Dann aber erblühte sein Kult, und kein geringerer als Peter Vischer der Ältere schuf seit 1488 das kunstvolle Sebaldusgrab aus gestanztem Silberblech in der nach dem Heiligen benannten Kirche.

Bertulf, Abt im oberitalienischen Bobbio (7. Jh.); Caritas Pirkheimer, Äbtissin in Nürnberg (15./16. Jh.); Ezechiel Moreno y Díaz, spanischer Missionar und Bischof in Kolumbien (19./20. Jh.)

20.

Bernhard von Clairvaux

„O Haupt voll Blut und Wunden“ – der innige Choral von Paul Gerhard geht auf einen Hymnus von Bernhard von Clairvaux zurück, und das kennzeichnet die große Bedeutung des Kirchenlehrers besser als vieles andere. Der 1091 geborene, 1112 dem Orden der Zisterzienser beigetretene Bernhard wirkte durch ungeheure Gelehrsamkeit, machtvolle Predigten und Verbindungen zu allen Größen seiner Zeit. Verdunkelt wurde sein Ruf durch fanatische Aufrufe zum 2. Kreuzzug 1146, der scheiterte. Bernhard starb am 20. August 1153.

Auctor, Bischof von Trier (5. Jh.); Maria de Mattias, italienische Ordensgründerin (19. Jh.); Philibert von Jumièges, fränkischer Klostergründer, Abt in Rebais (7. Jh.)

21. Pius X.

Ein frommer, Menschen zugewandter, aber konservativer Mann: Giuseppe Sarto, geboren 1835, wurde 1858 Priester, 1884 Bischof in Mantua, 1893 Patriarch von Venedig und 1903 als Pius X. Papst. Er blieb der bescheidene Seelsorger, ebenso jedoch strenger Hüter der Lehre. Auf ihn ging der umstrittene Antimodernisten-Eid von 1910 zurück, mit dem alle Geistlichen den Irrtümern der Moderne abschwören sollten (gültig bis 1967). Nach dem Tod 1914 sollen sich Wunder an seinem Grab im Petersdom ereignet haben.

Euprepius, erster Bischof von Verona (3./4. Jh.); Maria (Zaida), maurisch-spanische Nonne und Märtyrerin (12. Jh.); Sidonius Apollinaris, Bischof von Clermont-Ferrand (5. Jh.)

22. Philippus Benitius

Eigentlich wollte er Arzt werden, doch erkannte er schon 19-jährig 1252, dass Heilung von innen kommen muss, und trat in den Servitenorden ein. 1259 zum Priester geweiht, wurde Philippus Benitius 1267 Generaloberer des Ordens und machte ihn durch ausgedehnte Missionsreisen durch Ungarn, Deutschland und Italien allgemein bekannt als eine Vereinigung von Helfern für die Ärmsten und Schwächsten. Nach dem Tod am 22. August 1285 fand er in der Kirche S. Philippo Benizzi in Todi (Umbrien) die letzte Ruhe.

Andreas der Schotte, Archidiakon in Fiesole (9. Jh.); Maurus, Priester und Märtyrer (3. Jh.); Sigfrid, Abt in Wearmouth bei Newcastle (7. Jh.)

23.

Rosa von Lima

„Die erste Blüte der Heiligkeit in Südamerika" nannte man sie, die 1586 geborene Tochter Isabella der spanischen Familie Flores in Lima. Rosa genannt, entzog sie sich allen Eheplänen und wurde 1606 Dominikaner-Terziarin. Im elterlichen Garten errichtete sie sich einen Bretterverschlag, in dem sie fortan in Askese lebte und litt. Ihr wurden nämlich neben Visionen auch Schmerzen zuteil, die sie als Prüfung begriff und klaglos bestand, ehe sie am 24. August 1617 der Tod erlöste. Sie ist Patronin Perus.

Eugenius, erster Bischof von Derry (6. Jh.); Richildis, Klausnerin in Hohenwarth bei Ingolstadt (11. Jh.); Tudful (Tydfil), walisische Märtyrerin (5. Jh.)

24.

Bartholomäus

Einer der Jünger Jesu hieß Nathanael. Er wird gewöhnlich mit dem im Neuen Testament genannten Bartholomäus identifiziert, von dem Jesus gesagt hat: „Sehet, ein wahrer Israelit, an dem kein Falsch ist." Da er aus Kana kam, wird in ihm auch der Bräutigam der Hochzeit gesehen, auf der Jesus Wasser in Wein verwandelte. Nach der Kreuzigung des Heilands soll er in verschiedenen Ländern das Evangelium verkündet und in Armenien um das Jahr 50 das Martyrium erlitten haben. Er ist Patron vieler Städte und Berufe.

Johanna Antida Thouret

Die „Grauen Nonnen" des Ordens „Töchter der Liebe von Besançon" sind bis heute in vielen Ländern anzutreffen. Er wurde 1799 von der 31-jährigen Johanna Antida Thouret aus dem Jura zur Erziehung von Mädchen und für Werke der Nächstenliebe gegründet und 1819 päpstlich anerkannt. Die Gründerin ging am 24. August 1826 in Neapel, wo sich die erste Ordensniederlassung außerhalb Frankreichs befand, in die Herrlichkeit Gottes ein. Papst Pius XI. sprach die fromme Französin 1926 selig und 1934 heilig.

Aldowin (Audoenus), Bischof von Rouen (7. Jh.); Ansoalda (Isolde), französische Nonne in Maubeuge (11. Jh.); Émilie de Vialar, französische Ordensgründerin (19. Jh.)

25.

Joseph von Calasanza

Aus Spanien, wo er 1556 das Licht der Welt erblickt und 1583 die Priesterweihe empfangen hatte, kam Joseph von Calasanza nach Rom. Das Elend der dort herumstreunenden elternlosen Kinder erbarmte ihn. Er gründete die erste kostenlose Volksschule und hatte mit gleichgesinnten Priestern bald über 1000 Schüler zu betreuen. Das machte er zur Aufgabe seines 1597 gegründeten Ordens der „Regularkleriker von der frommen Schule", Piaristen genannt. Am 25. August 1648 starb der Patron der christlichen Volksschulen.

Ludwig IX.

Schon elfjährig hatte er als Ludwig IX. 1230 die französische Krone geerbt. In seiner Unsicherheit wurde ihm das Wort Gottes oberste Richtschnur für sein durchaus energisches Handeln. Frankreich wurde unter ihm europäische Führungsmacht, und selbst ein Kreuzzug glückte dem frommen Herrscher teilweise: Er

eroberte 1249 Damiette und konnte von hier aus eine kurze Zeit lang die Kreuzfahrer im Heiligen Land unterstützen. Beim nächsten Kreuzzug erlag der König am 25. August 1270 in Tunis einer Pestepidemie.

Ebba die Ältere, Äbtissin von Coldingham (7. Jh.); Gregor von Pfalzel, Abt in Utrecht und Friesen-Missionar (8. Jh.); Thomas Cantelupe, Bischof von Hereford (13. Jh.)

26.

Teresa Jornet y Ibars

Papst Paul VI. sprach am 27. Januar 1974 die 1843 in Aytona in Katalonien geborene spanische Klarissin Teresa Jornet y Ibars als Theresia von Jesus, so ihr Ordensname, heilig. Die Nonne hatte 1872 in Barbastro, der Bischofsstadt am Rio Verde in Aragonien, das „Institut der Kleinen Schwestern für die verlassenen Greise" gegründet. Die Schwestern dieser Einrichtung widmeten sich aufopferungsvoll der Pflege alleinstehender alter Männer. Theresia leitete das Haus bis zu ihrem Tod am 26. August 1897.

Anastasius der Tuchwalker, Märtyrer in Salona beim heutigen Split (1. Jh.); Mirjam von Abellin (Maria von der Kreuzigung Jesu) Baouardy, palästinensische Mystikerin (19. Jh.)

27.

Margarete von Bayern

Kurfürst Ruprecht von der Pfalz verheiratete seine 20-jährige Tochter Margarete 1392 mit dem lothringischen Herzog Karl II. Die Ehe wurde nicht sonderlich glücklich, weswegen sich die Herzogin ganz der Kranken- und Armenpflege widmete. Ihre Frömmigkeit wurde bewundert, und als die Lothringer im Jahr 1407 einen Sieg über ein Heer des Herzogs von Orléans errangen, wurde er einem Gebet Margaretes zugeschrieben. Sie regierte nach dem Ableben ihres Mannes 1431 selbst bis zum Tod am 27. August 1434 in Nancy.

August

Monika

„Ein Kind so vieler Tränen kann nicht verloren sein“, tröstete der Mailänder Bischof Ambrosius die weinende Monika, die ihrem Sohn Augustinus aus Afrika nachgereist war. Sie wollte ihn von seinem ausschweifenden Leben abbringen und zum Glauben bekehren. Das gelang ihr vereint mit der Überzeugungskraft des Ambrosius. Zwar erlebte sie den Aufstieg des Sohnes zum Bischof und allseits bewunderten Theologen nicht mehr. Doch als sie 387 in Ostia starb, schloss sie die Augen in der Gewissheit seiner Rettung.

Amadeus, Bischof von Lausanne (12. Jh.); Domenico Barberi (Dominikus a Madre Dei), Passionistenprovinzial in England (19. Jh.); Guarinus, Bischof von Sitten in der Südschweiz (11./12. Jh.)

28.

Augustinus

Christlich erzogen, wandte sich der 354 geborene Augustinus als Rhetor ganz dem weltlichen Leben zu und wurde 383 Dozent in Mailand. Unter dem Eindruck der Predigten des Ambrosius erlebte er hier seine Bekehrung, ließ sich 387 taufen und wurde 396 Bischof von Hippo Regius in Afrika. Seine Schriften über den Gottesstaat (410) und zur Bibelauslegung (416) wurden Grundlage der gesamten mittelalterlichen Theologie. Er kam während der Belagerung Hippos durch die Wandalen am 28. August 430 ums Leben.

Aelfrik, Erzbischof von Canterbury (11./12. Jh.); Hermes, Märtyrer in Rom (2. Jh.); Joachima Vedruna, spanische Ordensgründerin (19. Jh.)

29.

Sabina

Zu den sehenswertesten Kirchen der Ewigen Stadt gehört S. Sabina aus dem 5. Jahrhundert auf dem Aventin. Sie ist einer Heiligen gewidmet, von der wir nur wissen, dass sie eine vornehme Römerin im 2. Jahrhundert war, die von ihrer Sklavin Seraphina bekehrt wurde, am Gemeindeleben in den Katakomben teilnahm und bald nach Seraphina um das Jahr 120 das Martyrium unter Kaiser Hadrian (117–138) erlitt. Dominikus gründete 1219 in ihrer Kirche, die ihm der Papst geschenkt hatte, den nach ihm benannten Orden.

Adelphus, Bischof von Metz (5. Jh.); Bronislawa, polnische Nonne (13. Jh.); Medericus (Merry), Abt in Autun (7. Jh.); Theodora, Patronin von Thessaloniki (9. Jh.)

30.

Felix und Adauctus

Da niemand seinen Namen wusste und sich die Blutrichter Kaiser Diokletians nicht der Mühe von Nachforschungen unterziehen wollten, nannte man den zum Tod Verurteilten nur den „Hinzugekommenen" oder den „Zusätzlichen" (Adauctus). Es handelte sich nämlich um einen Mann, der um das Jahr 300 den Weg des Christen Felix zur Hinrichtung begleitet hatte und von dessen glaubensfroher Haltung spontan bekehrt worden war. Sein Bekenntnis zu Christus kostete ihn an der Seite von Felix das Leben durch Enthauptung.

Fiacrius, irisch-fränkischer Einsiedler (7. Jh.); Ingeborg, Königin der Franken (6. Jh.); Giovanni Juvenal Ancina, Bischof von Saluzzo bei Genua (16./17. Jh.)

31.

Paulinus

Zusammen mit Maximin kam der um 300 geborene Paulinus aus Aquitanien nach Trier und wurde 346 Nachfolger seines Begleiters als Bischof der Stadt. Weil er sich auf der Synode von Arles für den unbequemen Patriarchen Athanasios von Alexandria engagierte, schickte ihn Kaiser Constantius II. 353 in die Verbannung nach Phrygien (Kleinasien), wo Paulinus nach vielen Entbehrungen am 31. August 358 starb. Seine Gebeine wurden bald darauf nach Trier überführt, wo sie in der nach ihm benannten Kirche ruhen.

Aidan, erster Bischof von Lindisfarne (7. Jh.); Cuthberga, Königin und Äbtissin in Wimborne (8. Jh.); Joseph von Arimathia, Wohltäter Jesu (1. Jh.)

September

1.

Ägidius

Aus dem fernen Athen kam bald nach 670 ein Pilger ins Rhônetal und ließ sich bei Arles in einem Wald nieder. Der Ägidius, französisch Gilles, genannte Mann wurde eines Tages vom König auf der Jagd verwundet. Zur Wiedergutmachung errichtete der Herrscher am Tatort ein Kloster, das Ägidius von 680 bis zu seinem Ende am 1. September 720 leitete und das seitdem St. Gilles heißt. Der zu den 14 Nothelfern zählende Heilige ist Schutzpatron der Jäger und Hirten; stillende Mütter bitten ihn um Milch für ihr Baby.

Verena

Sie hatte um 300 vom Martyrium der vor allem aus Christen bestehenden Thebäischen Legion gehört und folgte ihr ins Bodenseegebiet. Verena kümmerte sich dort um die gefangenen, verwundeten und sterbenden Glaubensgenossen. Ihre Frömmigkeit und die Wunder, die sie tat, führten zur Bekehrung einer großen Zahl von Alemannen. Bis zum Tod um 350 lebte Verena bei Zurzach (Aargau) an einer heilenden Quelle. Über ihrem Grab wurde eine Kirche errichtet und später zum wundervollen Verena-Münster ausgebaut.

Alphons Sebastian Vinals, Märtyrer (20. Jh.); Nivard, Erzbischof von Reims (7. Jh.); Victorius, Bischof von Le Mans (5. Jh.)

2.

Nonnosus

Er ist Patron gegen Nöte in der Schule, denn er hatte als Novize von seinem Abt allerlei auszustehen, trug es aber in Demut und Geduld: Der um 500 geborene Nonnosus war ins Benediktinerkloster auf dem Monte Seratto nördlich von Rom eingetreten und brachte es später selbst zum Abt, der seinen Mitbrüdern Freund und gütiger Vater war. Nach seinem Tod um 560 zunächst im Kloster beigesetzt, kamen seine Reliquien später nach Freising in den dortigen Mariendom, wo sein Hochgrab bis heute viele Pilger anzieht.

Agricola, Bischof von Avignon (7. Jh.); Ingrid Elovsdotter, schwedische Klostergründerin (13. Jh.); Margarete von Löwen, Magd und Märtyrerin in Flandern (13. Jh.)

3.

Gregor I.

Er hatte aus dem Elternhaus in Rom ein Kloster gemacht und wäre mit einem Leben als Mönch zufrieden gewesen. Doch den um 540 geborenen Gregor ereilte 590 die Wahl zum Papst, so dass er sich höchsten Aufgaben stellen musste. Er löste sie vorbildlich von der Liturgiereform (Gregorianischer Gesang) über die Christianisierung Britanninens und Germaniens bis hin zu Weisungen für Seelsorge, Armenpflege und Theologie. Wegen dieser Leistungen erhielt er nach dem Tod im Jahr 604 den Beinamen „der Große".

Hildebold

Während der Amtszeit von Erzbischof Hildebold wuchs das Ansehen des Bistums Köln beträchtlich. Er leitete es seit 787, wurde 791 auch Hofkaplan Karls des Großen und stand mit Kirchenfürsten in engem Kontakt. Auf ihn gehen die Gründungen der Domschule und der Dombibliothek sowie der Neubau des Doms selbst zurück. Hildebold starb am 3. September 818 und fand seine letzte Ruhestätte in der Kölner Kirche St. Gereon, dem Gotteshaus der Märtyrer aus der Zeit der Christenverfolgungen unter Kaiser Diokletian.

Aigulf von Lérins, Abt in St. Honorat und Märtyrer (7. Jh.); Basilissa, Märtyrerin in Nikomedia (3. Jh.); Remaclus, Bischof von Maastricht (7. Jh.)

4.

Irmgard von Köln

Wenig Genaues ist bekannt über das Leben der um 1020 geborenen Grafentochter Irmgard (Erminthrudis) von Aspel. Sie soll das elterliche Erbe an Krankenhäuser, Kirchen und Armeneinrichtungen verschenkt und eine Zeit als Einsiedlerin in Süchteln bei Krefeld gelebt haben, wo eine Kapelle an sie erinnert. Ihre letzten Jahre verbrachte die fromme Frau in Köln, wo sie Klöster und Stifte unterstützte, ehe sie an einem 4. September um 1085 in die Ewigkeit einging; ihre Gebeine ruhen in der Agnes-Kapelle des Doms.

Suitbert

Allgemein gilt der 1. März als sein Gedenktag, in seinem engeren Wirkungskreis begeht man jedoch den 4. September, den Tag der Heiligsprechung durch Papst Leo III. um 810: Suitbert war Angelsachse und als Missionar um 700 im Westfälischen tätig. Bedrängt von heidnischen Sachsen, setzte er sich ins Fränkische ab und gründete auf einer Rheininsel ein Kloster, aus dem der Düsseldorfer Stadtteil Kaiserswerth erwuchs. Dort erinnert die monumentale Pfeilerbasilika St. Suidbertus (12. Jh.) an den Missionar.

Marinus von Rimini

Zu den abendländischen Sonderbarkeiten gehören Zwergstaaten wie San Marino auf dem Monte Titano bei Rimini. Von dort soll der Namenspatron Marinus zu Beginn des 4. Jahrhunderts gekommen sein: Er hatte in der Adriastadt während der Christenverfolgung unter Kaiser Diokletian Zwangsarbeit geleistet, sich dann aber entziehen können und auf dem genannten Berg eine Einsiedelei bezogen. Der daraus entstandene Staat wurde erstmals in der so genannten Pippinschen Schenkung 754 erwähnt („Castellum Sancti Marini“).

Hadwiga, Äbtissin von Herford (9. Jh.); Ida von Herzfeld, westfälische Seherin (9. Jh.); Iris, legendäre Tochter des Apostels Philippus (1. Jh.)

5.

Ursicinus

Fünf Kilometer südlich vom Stadtkern Ravennas erhebt sich aus der Ebene die herrliche Basilika S. Apollinare in Classe. Benannt nach Apollinaris (Gedenktag 23. Juli), dem ersten Bischof der Stadt, ehrt sie zugleich den Nachfolger Ursicinus, der im Jahr 530 zum Erzbischof ernannt wurde und den Bau begann. Er erlebte die Einweihung 549 nicht mehr, denn er starb schon 536, wurde aber von den Künstlern in dem weltberühmten Apsismosaik mit einem Buch in der Linken verewigt, Hinweis auf seine Gelehrsamkeit.

Bertin, Abt in St. Omer bei Calais und Missionar (7./8. Jh.); Nguyen (Peter) Van Tu, vietnamesischer Märtyrer (19. Jh.); Agnes Gonxha Bojaxhio (Mutter Teresa), albanisch-indische Ordensgründerin (20. Jh.)

6.

Magnus

Schlangen und Bären soll er mit seinem Stab vertrieben, ja selbst einen Drachen besiegt haben: Maginold, Ende des 7. Jahrhunderts am Grab des heiligen Gallus lebender Einsiedler, kam auf Bitten des Augsburger Bischofs Wikterp ins Allgäu, um dort das Evangelium zu verkünden. In Füssen baute sich Magnus, so nannte er sich latinisiert, eine Zelle, die Kern einer Benediktinerabtei wurde. Als er nach Mitte des 8. Jahrhunderts starb, galt er bereits als Heiliger, von den Leuten St. Mang genannt. In Schussenried und Wangen wird auch heute noch bei Bittprozessionen gegen Feldschäden ein St.-Mang-Stab über die Äcker getragen.

Eskil, Erzbischof im schwedischen Lund (12. Jh.); Stephan, Bischof im südfranzösischen Die (12./13. Jh.)

7.

Giovanni (Johannes) von Lodi

Petrus Damiani (Gedenktag 21. Februar) wurde sein großes Vorbild: Ihm begegnete der 1026 in Lodi geborene Giovanni 1159 im Eremitenkloster Fonte Avellana bei Gubbio, wurde sein Vertrauter und Autor seiner Biografie. Als Petrus 1057 Kardinalbischof von Ostia wurde, wurde Giovanni Nachfolger als Prior des Klosters. Mit 78 Jahren erhielt er die Berufung zum Bischof von Gubbio, wo er im Jahr darauf am 7. September 1105 sein Leben beschloss. Schon sechs Jahre später sprach ihn Papst Paschalis II. heilig.

Chlodoald, nordfränkischer Prinz und Einsiedler (6. Jh.); Madelberta, Äbtissin in Maubeuge (7./8. Jh.); Regina, Märtyrerin im gallischen Alesia (3. Jh.)

8.

Korbinian

Ein Bär überfiel den um 710 nach Rom pilgernden 30-jährigen Korbinian und zerriss dessen Maultier. Der fromme Mann zwang das Untier daraufhin, sein Gepäck in die Ewige Stadt zu tragen. Dort gab ihm der Papst den Auftrag, in Germanien zu missionieren. Als er über die Alpen kam, ließ ihn Herzog Grimoald von Bayern rufen und wies ihm das Gebiet um Freising zu. Hier baute der Glaubensbote eine Kirche zu Ehren des heiligen Stephanus, Keimzelle der Abtei Weihenstephan. Korbinian fand die ewige Ruhe am 8. September 730.

Pedro (Petrus) Claver

Der gebürtige Katalane Pedro Claver (* 1580) wurde Jesuit, studierte auf Mallorca und fand seine Lebensaufgabe in der Mission in Südamerika. Zunächst im kolumbischen Bogotà tätig, wandte er sich später nach Cartagena im Norden des Landes, dem damaligen Zentrum des Sklavenhandels. Unermüdlich kümmerte er sich um die darbenden und misshandelten Farbigen, sorgte für medizinische Behandlung und unterrichtete sie. 300 000 Menschen soll er dort bis zu seinem Tod am 8. September 1654 getauft haben.

Alain de la Roche, französischer Gründer der Rosenkranz-Bruderschaft (15. Jh.); Antoine Frédéric Ozanam, französischer Philanthrop (19. Jh.); Maria Torribia, spanische Wohltäterin (12. Jh.)

September

9. Gorgonius

Einer der zahllosen Blutzeugen des frühen Christentums war Gorgonius, der unter Kaiser Diokletian zu Beginn des 4. Jahrhunderts in Rom das Martyrium erlitt. Er soll auf einem Friedhof an der Via Labicana beigesetzt worden sein, die an der Ostseite des Kolosseums stadtauswärts führt. Schon 354 mit seinem Festtag in den Märtyrerlisten erwähnt, kamen seine Reliquien ins lothringische Kloster St. Gorgonii in Gorze, andere gelangten nach Minden in Westfalen, dessen Dom nach dem Heiligen benannt ist.

Ciaran, erster Abt von Clonmacnoise in Irland (6. Jh.); Emma (Euthymia) Üffing, deutsche Clemensschwester (20. Jh.); Jacques Desideratus Laval, französischer Missionar (19. Jh.); Wulfhilda, Äbtissin im südenglischen Barking (10. Jh.)

10. Nikolaus von Tolentino

Ungezählte Wunder sollen sich zu Lebzeiten und am Grab des Nikolaus von Tolentino ereignet haben, der um 1240 in der Region Marken zur Welt gekommen, mit 16 Jahren den Augustiner-Eremiten beigetreten und dann als begnadeter Prediger ins Städtchen Tolentino gegangen war. Selbst bedürfnislos, ja asketisch lebend, richtete er sein Augenmerk auf die Not der kleinen Leute und der Kranken, von denen viele dank seiner Gebete genasen. Als er am 10. September 1305 friedlich entschlief, galt er schon als heilig.

Edward (Ambrosius) Barlow, englischer Märtyrer (17. Jh.); Pulcheria Aelia, Kaiserin im Oströmischen Reich (5. Jh.); Theodard (Diethard), Abt von Tongern-Maastricht (7. Jh.)

11.

Felix und Regula

Die Thebäische Legion des römischen Heeres bestand vorwiegend aus Christen, was sie in den Augen des heidnischen Kaisers zu einem gefährlichen Putschpotential machte. Im Wallis wurden die Christen im Jahr 303 niedergemacht. Die zum Tross gehörenden Zwillinge Felix und Regula entgingen dem zwar, doch griffen sie die Häscher wenig später in Zürich und ermordeten auch sie, die heute Schutzpatrone der Stadt sind. Sie sollen ihre abgeschlagenen Köpfe noch selbst zu ihrem Begräbnisort getragen haben.

Ludwig IV.

Offiziell heiliggesprochen wurde er nie, doch das Volk verehrte den Landgrafen Ludwig IV. von Thüringen schon zu Lebzeiten als Heiligen. 1217 als 17-Jähriger Herrscher geworden, heiratete er 1221 die heilige Elisabeth. Mit einer Teilnahme am Kreuzzug Kaiser Friedrichs II. wollte Ludwig seine Frömmigkeit krönen, doch er erkrankte schon auf der Anreise und starb am 11. September 1227 in Otranto noch vor der Einschiffung. Sein Leichnam wurde in die Heimat überführt und in Reinhardsbrunn beigesetzt.

Aemilianus, Bischof von Vercelli (6. Jh.); Michael Gran (Bonaventura), Laienbruder in Barcelona (17. Jh.); Jean (Johannes) Gabriel Perboyre, französischer Missionar und Märtyrer (19. Jh.)

September

12. Maximinus

Trier in der kaiserlichen Provinz Germania war im 4. Jahrhundert ein wichtiger Vorposten der Christentums. Bischof dort wurde im Jahr 330 der aus Westgallien stammende Maximinus, ein geschworener Feind des Arianismus. Er gewährte daher 335–337 dem Anführer der Gegenpartei, Patriarch Athanasios von Alexandria, Asyl und erreichte schließlich, dass dieser in sein Bistum zurückkehren konnte. Maximin(us) führte das seine bis zum Ende im Jahr 352; eine nach ihm benannte Kirche erinnert in Trier an ihn.

13. Johannes Chrysostomos

Ein Kuss der Madonna soll den vorher unbeholfenen Johannes zu einem der gewaltigsten Prediger der Kirchengeschichte gemacht haben. Diese Legende und der Beiname Chrysostomos (Goldmund) spiegeln das namenlose Staunen der Zeitgenossen über den hochgelehrten und doch volkstümlichen um 350 in Antiochia geborenen Mann, der es 398 zum Patriarchen von Konstantinopel brachte, später aber vom Kaiser nach Kaukasien verbannt wurde. Den 407 verstorbenen Kirchenvater erhob Pius X. 1908 zum Patron der Prediger.

Amatus, Bischof im schweizerischen Sitten (7. Jh.); Maria Lopez de Rivas, spanische Mystikerin (16./17. Jh.); Marcellinus, Märtyrer in Karthago (5. Jh.)

14. Notburga

Früh verdingte sich die um 1265 in Tirol geborene Notburga bei einem Grafen als Dienstmagd. Weil sie Abgespartes den Armen schenkte, wurde sie schließlich entlassen und ging zu einem Bauern. Auch hier eckte sie mit ihrer Frömmigkeit an: Sie weigerte sich, nach dem Abendläuten weiterzuarbeiten, hängte ihre

Sichel an einem Lichtstrahl auf und ergriff sie erst wieder nach der Andacht. An das Wunder und an die am 14. September 1313 Verstorbene erinnert ein Standbild in der Kirche von Eben am Achensee.

Albert Avogadro, Patriarch von Jerusalem (13. Jh.); Maternus, Bischof von Köln (4. Jh.)

15.

Katharina von Genua

Der Vater Fiesci war Vizekönig von Neapel, gegen seinen Wunsch gab es keinen Widerstand: Die 1447 geborene Katharina heiratete 1463 den Genueser Lebemann Giuliano Adorno, zog sich aber, wann immer es ging, ins Gebet zurück. 1474 wurde ihr eine erste Vision zuteil, und wenig später verlor ihr Mann sein ganzes Vermögen. Zur Freude von Katharina, die nun erlebte, wie auch er sich bekehrte und sie in ihrer Arbeit für Arme und Kranke unterstützte. Am 15. September 1510 waren ihre Kräfte aufgezehrt.

Anton Maria Schwartz, österrreichischer Ordensgründer (19./20. Jh.); Aper (Aprus), Bischof von Toul (5./6. Jh.); Roland von Medici, Einsiedler bei Parma (14. Jh.)

16.

Cornelius

Schon 15 Monate währte das Tauziehen um einen neuen Bischof von Rom, als endlich 251 eine Einigung auf den gelehrten Cornelius gelang. Nur zwei Jahre allerdings konnte er amtieren, dann ließ ihn Kaiser Valerian aus der Stadt verbannen. Noch im gleichen Jahr erlag Cornelius den Strapazen der Zwangsarbeit. Andere Quellen berichten, er sei enthauptet worden und habe noch auf dem Gang zur Richtstätte durch eine Wunderheilung 50 Soldaten bekehrt. In Kornelimünster bei Aachen wird eine Kopfreliquie gezeigt.

September

Cyprian

Zeit- und Amtsgenosse von Cornelius war der um 200 geborene Cyprian, der 248 Bischof von Karthago wurde. Und er vertrat wie der römische Bischof einen Standpunkt der Milde gegenüber Christen, die unter dem Druck kaiserlicher Verfolgung vom Glauben abgefallen waren. Er mahnte auch die Glaubensbrüder zur Vergebung um der „Einheit der Kirche" willen, wie eine Schrift von ihm hieß. 257/258 geriet Cyprian in die Fänge der Christenjäger. Dem Henker gab er Geld dafür, dass er ihm das Himmelstor öffne.

Edith, südenglische Prinzessin und Nonne in Wilton (10. Jh.); Juan (Johannes) Massias, spanischer Dominikaner in Peru (17. Jh.); Ludmilla, Herzogin von Böhmen und Märtyrerin (9./10. Jh.)

17.

Hildegard von Bingen

Ärztin, Politikerin, Mystikerin, Forscherin – Hildegard war eine schier universale Persönlichkeit, die ihre große Kraft ganz aus dem Glauben schöpfte. Geboren um 1098, fand sie schon als Achtjährige in eine klösterliche Gemeinschaft, wurde 1136 Priorin und verlegte wenig später ihr Kloster auf den Rupertsberg bei Bingen. Sie stand mit Kaisern und Päpsten in Briefkontakt, unternahm systematische Heilkräuterzüchtungen und verfasste Bücher darüber ebenso wie über ihre geistlichen Visionen († 17.9.1179).

Roberto Bellarmino

Mit 18 Jahren trat der tiefgläubige Roberto Bellarmino 1560 in den noch jungen Jesuitenorden ein, wurde Theologieprofessor an der päpstlichen Universität in Rom und veröffentlichte sein brillantes Werk „Streitschriften über die Kampfpunkte des christlichen Glaubens" (1586–93), der ersten wissenschaftlichen Antwort auf die protestantische Theologie. 1599 zum Kardinal ernannt, war Bellarmino 1602–05 Erzbischof von Capua und dann bis zum Tod am 17. September 1621 in höchsten Positionen in der Kurie tätig. Bellarmino war der führende Kopf der Gegenreformation, sämtliche Lehrwerke übernahmen in den folgenden Jahrhunderten seine Darlegung des katholischen Standpunktes. Er galt auch als Bewunderer Galileo Galileis und unterstützte dessen Thesen über das Sonnensystem. Er war aber derjenige, der Galileo schließlich seine Verurteilung mitteilen musste.

Columba, Märtyrerin in Córdoba (9. Jh.); Francisco Maria von Camporosso, italienischer Kapuziner (19. Jh.); Lambert, Bischof von Maastricht und Missionar in Brabant (7./8. Jh.)

18.

Lantpert von Freising

Mehrmals suchten die Ungarn im 10. Jahrhundert Bayern heim, plünderten und brandschatzten. Seit 937 war der gegen Ende des 9. Jahrhunderts geborene Grafensohn Lantpert von Ebersberg Bischof von Freising, das bevorzugtes Ziel der Krieger aus dem Osten war. Als sie wieder einmal nahten, flehte Lantpert um Nebel, der daraufhin seine Kirche einhüllte und vor der Einäscherung bewahrte. Der populäre Oberhirte wurde bald nach dem Tod im Jahr 957 als Heiliger verehrt; ein Reliquiar im Dom erinnert an ihn.

Joseph (Giuseppe) von Copertino

Im Zweiten Weltkrieg wurde er zum Patron der US-Piloten, seit 1963 auch der Weltraumfahrer: Der 1603 geborene Joseph aus Copertino in Apulien erlebte als Laienbruder der Franziskaner unzählte Ekstasen, bei denen er in der Luft schwebte oder durch den Kirchenraum flog. Deswegen der Scheinheiligkeit bezichtigt, musste er viele Demütigungen erdulden, die er als Teil der göttlichen Prüfungen dankbar ertrug. Er starb am 18. September 1663 quasi in der Verbannung im abgelegenen Kloster Osimo bei Ancona.

Ariadne (Ariane), Märtyrerin in Phrygien (2. Jh.); Ferreolus, Bischof von Limoges (6. Jh.); Richardis, Kaisergemahlin und Nonne (9. Jh.)

19.

Januarius

Der heilige Januarius wurde als Bischof von Neapel oder von Benevent im Jahr 305 während einer Christenverfolgung enthauptet. Weltberühmt ist das Wunder, das sich an zwei Ampullen mit dem Blut des Schutzheiligen von Neapel alljährlich an seinen Hauptfesten in der Kapelle S. Gennaro zeigt: Das eingetrocknete Blut verflüssigt sich dann, wandelt die Farbe und wird wieder zu Pulver. Erklärungen dafür gibt es nicht, doch hält das Volk es für ein böses Vorzeichen, wenn die Verflüssigung einmal ausbleibt.

Alonso (Alfons) von Orozco, spanischer Mystiker (16. Jh.); Lucia vom Berg, schottische Hirtin (11. Jh.); Theodor von Tarsus, Erzbischof von Canterbury (7. Jh.)

Eustachius

20.

Als dem kaiserlichen Feldherrn Placidus auf der Jagd ein Hirsch mit einem Kruzifix im Geweih erschien, bekehrte er sich, empfing die Taufe und nannte sich fortan Eustachius. Es folgten harte Prüfungen, die ihn um Familie und Habe brachten. Doch er blieb glaubensfest, auch als er nach einer neuen militärischen Karriere von Kaiser Hadrian (117–118) zum Abschwören gezwungen werden sollte. Daraufhin ließ dieser ihn 118 zum Feuertod verurteilen. Eine Kirche in Rom ist nach dem Nothelfer Eustachius benannt.

Adelpret, Bischof von Trient und Märtyrer (12. Jh.); Fausta, Märtyrerin in Kleinasien (4. Jh.); Maria-Theresia Tauscher, deutsche Ordensgründerin (19./20. Jh.)

Matthäus

21.

Der Autor des ersten Evangeliums war ursprünglich ein Zöllner namens Levi, ehe ihn Jesus zum Jünger berief und Matthäus nannte. Nach Christi Himmelfahrt soll er seine Darstellung von Leben und Lehre des Heilands aufgeschrieben haben und um 42 ins Reich der Parther gezogen sein, die frohe Botschaft zu verkünden. Er taufte viele Menschen, was den Neid heidnischer Priester weckte, und predigte Tugendhaftigkeit, was ihm den Hass der Despoten eintrug, die ihn töteten. Reliquien hat die Kathedrale von Salerno.

Gerulf, flämischer Märtyrer (8. Jh.); Jan (Johannes) Prandota, Bischof von Krakau (13. Jh.); Landelin von Ettenheimmünster, schottischer Einsiedler in der Ortenau (7. Jh.)

22.

Emmeran

Mitte des 7. Jahrhunderts kam aus Poitiers Missionsbischof Emmeran nach Regensburg und bekehrte viele Menschen. Als er die Herzogstochter Ota dadurch schützen wollte, dass er sich als Vater ihres unehelichen Kindes ausgab, überfiel ihn deren Bruder Lantfried und brachte ihn um 652 unter furchtbaren Qualen zu Tode. Die Wahrheit kam ans Licht, der Herzog war untröstlich. Er ließ den Gemarterten in der Georgskirche beisetzen, über der bald das weithin gerühmte Benediktinerkloster St. Emmeran erblühte.

Mauritius und Gefährten

Im Rahmen der Christenverfolgungen unter Kaiser Maximian wurde auch die 22. oder Thebäische Legion unter dem Offizier Mauritius im Wallis eingesetzt. Da sich die christlichen Soldaten und der Anführer weigerten, gegen Glaubensgenossen vorzugehen, wurden sie nach und nach bei Agaunum von kaisertreuen Truppen im Jahr 303 niedergemacht. Zum Gedenken an dieses Blutbad entstand im 6. Jahrhundert das Kloster Saint-Maurice d´Agaune, ein beliebter Wallfahrtsort mit dem bedeutendsten Kirchenschatz der Schweiz.

Gunthildis, Magd in Suffersheim bei Treuchtlingen (11. Jh.); Ignatius von Santhià, italienischer Mystiker (18. Jh.); Liutrud, Einsiedlerin bei Perthe in der Champagne (6. Jh.)

23.

Linus

Von den römischen Bischöfen der ersten 300 Jahre ist wenig Sicheres überliefert, am wenigsten über die ersten Nachfolger des Apostels Petrus. Der Legende nach wurde Linus von diesem selbst in sein Amt eingesetzt. Da sich das monarchische Einmann-Episkopat noch nicht durchgesetzt hatte (erst um die Mitte des 2. Jahrhunderts), lässt sich über tatsächliche Funktionen des Linus und seine Amtsführung nichts Bestimmtes sagen. Er soll als zweiter Bischof von Rom zwölf Jahre lang bis 79 amtiert haben.

Thekla

Sie gilt als erste Märtyrerin der Christenheit, obwohl sie der Legende nach eines natürlichen Todes starb: Thekla hatte in ihrem Heimatort Ikonium (Kleinasien) den Apostel Paulus predigen gehört und sich taufen lassen. Sie folgte ihm in mehrere Städte. Mehrfach versuchten Christenfeinde sie zu töten: Doch Regen löschte Feuer, Erdbeben vertrieben die Verfolger, wilde Tiere wurden zahm, Gift konnte ihr nichts anhaben. Sie sammelte einen Kreis frommer Frauen um sich und verschied hochbetagt in ihrer Heimat.

Adamnan (Eunan), irischer Abt auf der Insel Iona (7./8. Jh.); Gerhild von Konstanz, Einsiedlerin in St. Gallen (12. Jh.); Francesco Forgione, genannt Pater Pio, italienischer Mystiker (20. Jh.)

24.

Rupert und Virgilius

Zwei Salzburger Bischöfe teilen sich einen Gedenktag, weil der zweite die Gebeine des ersten am 24. September 774 in den von ihm neuerbauten Dom übertrug. Rupert kam um 700 aus Worms und baute förmlich aus dem Nichts das einstige römische Iuvavum wieder auf. Als er 718 starb hatte er viele Kirchen gegründet und das Umland missioniert. Sein 745 folgender Kollege Virgilius dehnte den Einfluss bis nach Kärnten aus und segnete im Jahr 784 das Zeitliche. Beide Bischöfe sind Patrone der Salzach-Stadt.

Anatolius, erster Bischof von Mailand (2. Jh.); Hermann der Lahme, Abt auf der Reichenau (11. Jh.); Pacificus, Mönch in San Severino und Mystiker (16./17. Jh.); Rusticus, Bischof in der Auvergne (5. Jh.)

25. Nikolaus von der Flüe

Ob heilig oder verantwortungslos, darüber gingen die Meinungen auseinander: Der 1417 geborene Bauer Nikolaus Löwenburger vom Flüeli bei Sachseln im Kanton Obwalden heiratete, zeugte zehn Kinder – und verließ plötzlich 1467 Familie, Hof und alle Ämter, um in einer Einsiedelei in der Ranftschlucht seine Tage zu beschließen. 20 Jahre lebte er asketisch, beriet Ratlose und rettete mit einem Kompromiss 1481 die Einheit seines Landes, ehe er 1487 starb. Erst 1947 wurde der Patron der Schweiz heiliggesprochen.

Aunarius, Bischof von Auxerre (6. Jh.); Firminus d. Ä., Bischof von Amiens, Märtyrer (3. Jh.); Gottfried Thelen, deutscher Jesuit und Märtyrer (17. Jh.); Marcos Criado, spanischer Missionar und Märtyrer (16. Jh.)

26. Kosmas und Damian

Der Legende nach handelte es sich bei Kosmas und Damian um christliche Zwillingsbrüder, die in ihrer Heimat Syrien als viel gefragte Ärzte tätig waren und angeblich Wunderheilungen vollbrachten. Es war ihnen eine Selbstverständlichkeit, arme Kranke unentgeltlich zu behandeln; sie wurden daher auch „Anagyrier" genannt, was soviel heißt wie „die Geldlosen". Dass sie damit viele Menschen bekehrten, führte zu ihrer Enthauptung im Jahr 303. Sie sind Patrone der Heilberufe, der Frisöre und der Armen.

Benito Jerónimo Feijóo y Montenegro, spanischer Theologe (18. Jh.); Kaspar Stanggassinger, deutscher Redemptorist (19. Jh.); Maria Victoria (Teresia) Couderc, französische Ordensgründerin (19. Jh.)

September

27.

Vinzenz von Paul

Sein 37. Lebensjahr wurde zur Wende für den Bauernsohn Vincent de Paul (* 1581), der schon mit 19 die Priesterweihe empfangen hatte und nun 1617 beschloss, sich ganz den Notleidenden zu widmen. Er gründete eine Frauenvereinigung zur Betreuung alleinstehender Kranker, woraus die Barmherzigen Schwestern (Vinzentinerinnen) entstanden, und 1625 den männlichen Zweig, die Lazaristen (Vinzentiner). Damit wurde der deutsch Vinzenz von Paul genannte Wohltäter zum Begründer der Caritas († 27.9.1660 in Paris).

Elzearius von Sabran, französischer Graf und Wohltäter (14. Jh.); Hiltrud (Helmtrud), französische Einsiedlierin in Lissies (8. Jh.); Kjeld, Dompropst im dänischen Viborg (12. Jh.)

28.

Eberhard von Tüntenhausen

Im 14. Jahrhundert zog ein Schäfer namens Eberhard mit seiner Herde zwischen München und seinem Heimatort Tüntenhausen bei Freising umher. Wunderdinge erzählte man sich von ihm: Wo immer er seinen Stab in die Erde steckte, wuchs ein Baum hervor, krankes Vieh wurde durch seinen bloßen Anblick gesund. Nach seinem Tod entwickelte auch die Erde von seinem Grab, ins Futter gemengt, Heilkraft. Seit 1938 ruhen seine Gebeine nun in der Ortskirche in einem von Kardinal Faulhaber gestifteten Schrein.

September

Wenzeslaus (Wenzel)

Er erbte mit 13 Jahren 916 den böhmischen Thron und regierte das Land seit 921 selbstständig. Christlich erzogen, wünschte Wenzel sich den Jesusglauben als einigendes Band für sein ganzes Volk und setzte sich für die Christianisierung ein. Das erbitterte einige hartnäckige Heiden, darunter auch seinen Bruder Boleslaw, der dafür sorgte, dass der Herzog am 28. September 929 einem Komplott zum Opfer fiel. Bald schon bereute Boleslaw tief und förderte die Verehrung des Bruders, der Patron Böhmens ist.

Lioba

Der Vater war ein Freund des Bonifatius und die Mutter mit dem „Apostel der Deutschen“ sogar verwandt. Die um 705 geborene und im südenglischen Kloster Wimborne erzogene Lioba folgte dem Ruf des Onkels 735 nach Würzburg und wurde von ihm zur Äbtissin des neugegründeten Klosters Tauberbischofsheim ernannt. Sie gründete selbst Tochterklöster und erfuhr dabei Unterstützung durch Karl den Großen, mit dessen Frau sie befreundet war. Lioba starb auf einer Visitationsreise am 28. September 782 bei Mainz.

Bernhardin von Feltre, italienischer Franziskaner (15. Jh.); Chunialdus, fränkischer Awaren-Missionar (8. Jh.); (Julia) Eustochia, römische Äbtissin in Bethlehem (5. Jh.)

29.

Michael

Auch Engel gehören zu den Heiligen, denn sie erscheinen in dieser Welt immer wieder als Sendboten des Herrn. An ihrer Spitze stehen die Erzengel, zu denen Michael gehört, der Luzifer gestürzt, den Baum der Erkenntnis bewacht und Adam mit Eva des Paradieses verwiesen hat. Er war es auch, der im letzten Moment die Opferung Isaaks durch Abraham verhinderte. 1921 legte Papst Bendikt XV. auch den Gedenktag für Raphael und Gabriel auf den 29. September, so dass ein gemeinsames Erzengel-Fest entstanden ist.

Adalrich, Einsiedler auf der Ufenau im Zürichsee (10. Jh.); Johannes von Dukla, polnischer Franziskaner (15. Jh.); Liutwin, Bischof von Trier, Reims und Laon (8. Jh.)

30.

Hieronymus

Nach theologischen Studien und dreijährigem Eremitenleben wurde der um 347 geborene Hieronymus Sekretär des Papstes Damasus I. und verfasste in dessen Auftrag eine Neubearbeitung der lateinschen Bibel, die als Vulgata bis heute maßgeblich ist. Als produktiver Gelehrter und „Vater" der Lehre von der Erbsünde errang er hohes Ansehen und zählt zu den vier lateinischen Kirchenvätern. Die letzten 35 Jahre seines Lebens verbrachte Hieronymus in einem Kloster in Bethlehem, wo er am 30. September 420 starb.

Francisco de Borja y Aragón, Jesuitengeneral (16. Jh.); Federico Albert, italienischer Ordensgründer (19. Jh.); Leopardus, Märtyrer in Rom (4. Jh.)

Oktober

1.

Remigius

Eine der wichtigsten Taufen der Geschichte wäre beinahe nicht zustande gekommen: 496 wollte Bischof Remigius Frankenkönig Chlodwig zum Christen salben, doch es fehlte das Chrisamöl. Der Bischof sprach ein Gebet, da brachte eine Taube das Salbgefäß, das fortan bei den Krönungen der französischen Könige Verwendung fand. Chlodwig und sein Volk wurden katholisch, was erst die Integration der Germanen in die römisch-gallische Bevölkerung ermöglichte. Der „Apostel der Franken" starb fast 100-jährig 533.

Theresia von Lisieux

Als Marie-Françoise Martin 1873 geboren, wünschte sich schon das Mädchen nichts sehnlicher, als Karmelitin zu werden. Erst mit 16 Jahren wurde sie in Lisieux (Normandie) in den Orden aufgenommen und nannte sich von nun an Theresia. Mit unablässigem Gebet suchte sie durch Jesus und durch die Liebe zu den Menschen Gott für sich zu erfahren. Dahinter standen auch tiefe Ängste, Seiner Gnade nicht würdig zu sein, wie sie in ihrem nach dem frühen Tod 1897 erschienenen Buch „Geschichte einer Seele" bekannte.

Gieselbert, Schafhirte bei Zusmarshausen (11. Jh.); Niketius, Bischof von Trier (6. Jh.); Romanos „Melodos", Hymnendichter in Konstantinopel (6. Jh.)

2.

Leodegar

Der fränkische Hausmeier Ebroin bezichtigte den 60-jährigen Leodegar, seit 659 Bischof von Autun, 676 Mitwisser des Mordes an König Childerich II. gewesen zu sein. Auf Leodegars Leugnen hin ließ er ihn blenden und die Zunge herausreißen. Der Verstümmelte aber predigte weiter und weissagte, was den brutalen Gegner so rasend machte, dass er ihn einsperren und nach drei Jahren enthaupten ließ. Leodegar ist Patron des Kantons Luzern und von Autun; er wird bei Augenleiden und Besessenheit angerufen.

Beregis, fränkischer Klostergründer (8. Jh.); Theophil, Mönch in Konstantinopel (8. Jh.); Ursicin, Abtbischof im schweizerischen Disentis (8. Jh.)

3.

Brüder Ewald

Ende des 7. Jahrhunderts kamen zwei Brüder aus England nach Westfalen, der Haarfarbe nach der „weiße" und der „schwarze Ewald" genannt. Sie predigten voller Leidenschaft das Evangelium und ließen sich von aufgebrachten Heiden nicht einschüchtern. Sie konnten viele Menschen bekehren, ehe sie am 3. Oktober 695 bei einem Überfall ermordet wurden. Die Gebeine der Brüder wurden von Erzbischof Anno 1074 nach Köln geholt und ruhen in der Kirche St. Kunibert; eine „Ewald-Decke" gehört zum Kirchenschatz.

Adalgott, Bischof von Chur (12. Jh.); Dionysios von Korinth, Bischof in Athen (2. Jh.); Utto (Udo), Abt im bayerischen Metten (9. Jh.)

Oktober

4.

Franz von Assisi

Nach Kriegsgefangenschaft und Krankheit wandte sich der 1182 in Assisi geborene Giovanni Bernardone, genannt Franz(iskus), Sohn eines reichen Kaufmanns, 1205 dem Leben eines armen Wanderpredigers zu. Mit Gefährten baute er eine Brüdergemeinschaft auf, die von absoluter Armut und emotionaler Frömmigkeit geprägt war (Franziskaner). Die rasch wachsende Bewegung erhielt 1210 päpstliche Anerkennung. Franz faszinierte mit zwingend-naiver Spiritualität. Der Nationalheilige Italiens starb am 3. Oktober 1226.

Petronius

18 Jahre lang, von 432 bis 450, war Petronius Bischof von Bologna und wird dort bis heute als Schutzheiliger der Stadt verehrt. Sein Grab befindet sich in der außergewöhnlichen Basilika S. Stefano, einem Kirchenbau, der sich aus fünf verschiedenen Sakralbauten zusammensetzt und der Jerusalemer Grabeskirche nachempfunden ist. Dazu gehört ein gleichnamiges Kloster. Verewigt ist der Name des Bischofs in S. Petronio, dem Dom der Stadt, der zu den größten Gotteshäusern der Christenheit zählt.

Aurea, Äbtissin in Paris (7. Jh.); Franz Xaver Selos, deutsch-amerikanischer Redemptorist (19. Jh.); Quintinius von Villeparisis, fränkischer Märtyrer (5. Jh.)

5.

Meinolf von Paderborn

Er war ein Patenkind Karls des Großen: Meinolf, um 795 geborener Adelsspross, erhielt eine Ausbildung in der Paderborner Domschule und wurde dort 836 Archidiakon. Im gleichen Jahr holte er die Gebeine des heiligen

Liborius (Gedenktag 23. Juli) von Le Mans in die Stadt und gründete das Kanonissenstift Böddeken bei Paderborn, wo er am 5. Oktober 857 für immer die Augen schloss. Er hatte den Ort für das Stift nach der Begegnung mit einem Hirsch ausgewählt, der ein Kruzifix zwischen den Geweihstangen trug.

Anna Schäffer, bayerische Mystikerin (19./20. Jh.); Attila, erster Bischof im spanischen Zamora (10. Jh.); Helena (Maria Faustyna) Kowalska, polnische Nonne (20. Jh.)

6.

Bruno der Kartäuser

Enttäuscht darüber, dass ihm zweimal zahlende Bewerber um den Bischofsstuhl von Reims vorgezogen worden waren, wanderte der um 1030 in Köln geborene Bruno 1083 nach Grenoble, wo Hugo, einer seiner Schüler, als Bischof amtierte. Der schenkte ihm ein Cartusia (Chartreuse) genanntes Gelände, wo Bruno mit einigen Gefährten ein klösterliches Leben nach strengsten Regeln führte, Keimzelle des Kartäuserordens, den Bruno mit weiteren Kartausen nach Italien ausdehnte. Er starb am 6. Oktober 1101 in Kalabrien.

Adalbero, Bischof von Würzburg (11. Jh.); Fides (Foy), Märtyrerin in Gallien (4. Jh.); Renatus (René), Bischof von Angers (5. Jh.)

7.

Ernst von Neresheim

Im Jahr 1119 kam der Benediktinermönch Ernst aus Zwiefalten in das ein Dutzend Jahre zuvor gegründete Kloster Neresheim nordwestlich von Augsburg und wurde dort der erste Abt. Ein Vierteljahrhundert später legte er sein Amt nieder und schloss sich als schon in die Jahre gekommener Mann dem 2. Kreuzzug König Konrads III. an. In der Schlacht bei Dorylaeum (Kleinasien) ist er am 7. Oktober 1147 gefallen. Die Legende hat daraus einen qualvollen Märtyrertod gemacht, den Ernst in Mekka erlitten haben soll.

Georg von Pfronten-Kreuzegg

Man kennt ihn besser als den „Bruder Jörg“, den 1696 im Allgäu geborenen Kapuziner Georg von Pfronten-Kreuzegg. Er hatte das Bäckerhandwerk erlernt und machte sich anschließend nach Rom auf, wo er 1724 als Laienbruder in den Orden eintrat. Er machte sich durch seine unverwüstliche Fröhlichkeit und nie nachlassende Hilfsbereitschaft beim Volk enorm beliebt. 160 Jahre nach seinem Tod am 7. Oktober 1762 in Frascati bei Rom kehrten Bruder Jörgs Gebeine heim in die Kapuzinerkirche von Kempten.

Justina von Padua

Mit brutaler Gewalt versuchten die Kaiser Diokletian und Maximinian um 300, das Römische Reich durch Ausrottung des Christentums und Durchsetzung der alten Götter zu stabilisieren. Unter den vielen Märtyrern, die ihr Leben lassen mussten, war Justina, eine Jungfrau aus Padua. An sie erinnert in der oberitalienischen Stadt S. Giustina, die mit einem 111 Meter langen und 76 Meter breiten Querschiff größte Renaissancekirche Venetiens. Ein Bild von Veronese hinter dem Hochaltar hält das Leiden der Justina fest.

Augustus, Klostergründer in Bourges (6. Jh.); Marcus I., Bischof von Rom (4. Jh.); Sergius, römischer Soldat und Märtyrer in Syrien (4. Jh.)

8.

Viktrizius Weiß

„Du musst heilig werden!" Dieser Anspruch trieb Anton Nikolaus Weiß, geboren 1842 im niederbayerischen Eggenfelden, von Jugend auf an. Nicht weil er vor der Welt glänzen, sondern weil er um einen gnädigen Gott ringen wollte. 1866 zum Priester geweiht und zehn Jahre darauf als Viktrizius in den Kapuzinerorden eingetreten, war der Theologe mehrmals Provinzial, brachte dem Orden einen beachtlichen Aufschwung und lebte in den letzten Jahren bis zum Tod am 8. Oktober 1924 als einfacher Seelsorger in Vilsbiburg.

Felix, erster Bischof von Como (4. Jh.); Hugo, genuesischer Mönch (13. Jh.); Pelagia, Büßerin in Jerusalem (3. Jh.)

9.

Dionysius

Als Paris noch Lutetia hieß, kam um 250 als Abgesandter des römischen Bischofs der Missionar Dionysius (Denis) dorthin und begann zu predigen. Als er bereits eine beachtliche Gemeinde beisammen hatte, wurde er erster Bischof der Stadt. Der römische Gouverneur hoffte, dem Christenspuk durch Enthauptung von Dionysius ein Ende machen zu können. Er erreichte das Gegenteil. Die Gemeinde wuchs rasch, und über dem Todesort des Heiligen erhob sich wenige Jahrhunderte später die herrliche Kathedrale Saint-Denis.

Gunther

Für damalige Zeiten hatte sich der Lebenskreis von Ritter Gunther fast schon geschlossen, als er 1008 als 45-jähriger Laienbruder ins Kloster Hersfeld ging. Das genügte ihm aber als Buße für sein bisheriges Leben nicht, und er ließ sich in einer Einsiedelei im Bayerischen Wald nieder. Auch dort sammelte sich um ihn eine größere Mönchsgemeinschaft, machte Land urbar und erbaute eine Kirche in Rinchnach. Erneut entzog sich der Gunther weiter in die Stille des Böhmerwalds, wo er am 9. Oktober 1045 starb.

Deusdedit, Abt in Montecassino (9. Jh.); Gislenus, Missionar im Hennegau (7. Jh.); Giovanni (Johannes) Leonardi, italienischer Ordensgründer (16./17. Jh.)

10.

Gereon und Gefährten

Man weiß kaum mehr über den Namensgeber der Kölner Kirche St. Gereon, als dass er wohl im 4. Jahrhundert im Rheinischen mit einigen Gefährten das Martyrium erlitt. Ob er der Thebäischen Legion des Mauritius (Gedenktag 22.9.) angehörte, deren christliche Soldaten damals ebenfalls ermordet wurden, ist nicht gesichert. Die Gereon gewidmete Kirche soll auf ein Gotteshaus zurückgehen, das Kaiserinmutter Helena schon wenige Jahre nach der Bluttat auf dem römischen Christen-Friedhof der Stadt erbauen ließ.

Victor und Gefährten

So unsicher wie die Überlieferung zu Gereon ist die über Victor, den Namensgeber des Doms zu Xanten, und seiner Begleiter. Sie sollen ebenfalls Opfer der Diokletianischen Christenverfolgungen zu Beginn des 4. Jahrhunderts gewesen sein und waren vielleicht wie die Kölner Leidensgenossen Angehörige der Thebäischen Legion. Ausgrabungen Mitte der 1930er Jahre haben eine Kultstätte aus dieser Zeit freigelegt, wobei zwei Männerskelette gefunden wurden. Vielleicht stammt eines vom legendären Victor.

Franz von Borja, Herzog von Gandía und dritter Jesuitengeneral (16. Jh.); Zofia Camilla (Angela Maria) Truszkowska, polnische Kapuzinerin (19. Jh.); Jakob Spiegel, rheinischer Priester (17. Jh.)

11.

Bruno I.

Kaiser Otto I. der Große setzte zur Sicherung seiner Herrschaft vermehrt auf die Geistlichkeit, weil sie von familiären Interessen weitgehend frei war. Seinen um 925 geborenen Bruder Bruno förderte er besonders, machte ihn zum Kanzler des Reiches und 953 zum Erzbischof von Köln. Tatkräftig wie der Kaiser, den er beriet, gründete Bruno die Benediktinerabtei St. Pantaleon, wo er nach dem frühen Tod am 11. Oktober 965 beigesetzt wurde, und mehrere Stifte. Auch er erwarb sich den Beinamen „der Große“.

Alexander Sauli

Schon 1551 trat der 17-jährige lombardische Adelspross Alexander Sauli dem Orden der Barnabiten bei, empfing fünf Jahre später die Priesterweite und wurde 1563 Professor für Theologie in Pavia. Sein außerordentlicher Ruf als Redner und Prediger machte ihn weithin bekannt und empfahl ihn für höhere Aufgaben. 1567 stieg er zum Ordensgeneral und zwei Jahre danach zum Bischof von Aléria (Korsika) auf. 1591 ins Bischofsamt nach Pavia gewechselt, starb er auf einer Visitationsreise am 11. Oktober 1593.

Cannice (Kenneth), iroschottischer Missionar (6. Jh.); Jakob Griesinger (Alemannus), deutscher Glasmaler und Dominikaner (15. Jh.); Meinhard, Bischof in Livland (12. Jh.)

12. Jakob Rem

Vor dem Gnadenaltar im Liebfrauenmünster zu Ingolstadt wurde 1935 der Jesuitenpater Jakob Rem beigesetzt, der am 12. Oktober 1618 in der Donaustadt gestorben war. Er stammte aus Bregenz (* 1546), war 1566 in den noch jungen Jesuitenorden eingetreten und wirkte danach fast 50 Jahre als Subregens in Bayern. 1574 gründete er in Dillingen die erste Marianische Kongregation und gab damit der Marienverehrung wichtige Impulse. Mit seiner Frömmigkeit und bescheidenen Lebensweise war er ein Vorbild für viele.

Bernhard von Kamenz, Bischof von Meißen (13. Jh.); Felix IV., Papst (6. Jh.); Roman Sitko, polnischer Priester und Märtyrer (1942 im KZ Auschwitz)

13. Gerald

Das schöne Städtchen Aurillac im Departement Cantal verdankt seine Existenz dem 855 hier in der Auvergne geborenen Grafen Gerald (Géraud). Er hatte sein Leben ganz der Fürsorge für seine Untertanen und der Kirche geweiht und errichtete im Heimatort eine Benediktinerabtei, um die sich der erste Stadtkern bildete. Der gütige und treusorgende Herrscher starb am 13. Oktober 909, nachdem er eine Reihe von karitativen Einrichtungen gestiftet hatte. Über seinem Grab erhebt sich heute die Kapelle Saint-Géraud.

Koloman

Aus Irland wollte der Mönch Koloman im 11. Jahrhundert ins Heilige Land pilgern. Er kam aber nur bis Österreich, wo die Leute den seltsam gekleideten Mann für einen Spion hielten und ihn 1012 in Stockerau bei Wien aufhängten. Der Irrtum wurde bald offenbar, und die Verehrung des Märtyrers verbreitete sich im ganzen süddeutschen Raum. Am 13. Oktober 1113 wurden seine Gebeine ins Kloster Melk übertragen. In Österreich und Bayern wird Koloman als Viehpatron verehrt und gegen Seuchen und Unwetter angerufen.

Reginbald

Aus schwäbischem Adel stammend, diente der Benediktiner Reginbald im 11. Jahrhundert als Abt verschiedener Klöster, ehe ihn Kaiser Konrad II. 1032 zum Bischof von Speyer ernannte. Hier setzte sich der energische Mann mit dem Kaiserdom ein Denkmal für die Ewigkeit. Er holte die besten Bauhandwerker und die geschicktesten Künstler dazu an den Rhein und konnte vor seinem Tod am 13. Oktober 1039 noch die Krypta der gewaltigen Kathedrale einweihen, in der er neben Kaisern und Königen die letzte Ruhe fand.

Lubentius, Priester in Kobern an der Mosel (4. Jh.); Simbert (Sintpert), Bischof von Augsburg (8./9. Jh.); Theophilus, Bischof von Antiochia (2. Jh.)

14.

Kalixtus I.

Ursprünglich Sklave eines römischen Christen, wurde Kalixtus bald freigelassen, Diakon beim Papst Zephyrinus und nach dessen Tod im Jahr 217 sein Nachfolger. Das empörte die Konservativen, die mit Hippolyt einen ersten Gegenpapst ausriefen. Kalixtus I. konnte das in seiner Tatkraft nicht lähmen. In seinem fünfjährigen Pontifikat kam es zu nachhaltigen Reformen. Nach dem Tod im Jahr 222 wurde er am 14. Oktober in der von ihm begründeten Kirche S. Maria in Trastevere zur letzten Ruhe gebettet.

Donatianus, Bischof von Reims (4. Jh.); Hildegundis von Münchaurach, bayerische Jungfrau (12. Jh.); Paolo Capelloni, italienscher Jesuit (19. Jh.)

15.

Theresia von Ávila

Geboren 1515 als Teresa de Cepeda y Ahumada, trat die spätere Schutzheilige Spaniens 1535 in den Karmel von Ávila bei Salamanca ein und reformierte den Orden. Sie begründete seit 1567 viele Klöster ihres Reformzweiges der Unbeschuhten Karmelitinnen und Karmeliter. Die bußstrenge Frau zog die Menschen durch natürliche Schlichtheit an, die auch ihre Werke, darunter „Der Weg zur Vollkommenheit", prägen und den Höhepunkt der spanischen Mystik darstellen. 1582 endete der Lebenslauf Theresias der Großen.

Barsen, Bischof in Edessa (4. Jh.); Gregorius Maurus, Märtyrer (4. Jh.); Thekla, Äbtissin von Kitzingen und Ochsenfurt (8. Jh.)

Gallus

Mit dem Missionar Kolumban kam Gallus als 40-Jähriger um 590 ins Bodenseegebiet, ob aus Irland oder aus dem Elsass, ist strittig. Er trennte sich von seinem Begleiter und zog 612 in eine Einsiedelei. Mehrere Berufungen auf Bischofssitze lehnte er ab, weil ihm mehr darum zu tun war, die Heiden durch sein Vorbild und seine Fürsorge für Christus zu gewinnen. Als er um 640 starb, hatte er eine Reihe Gleichgesinnter um sich versammelt, Ursprung des 80 Jahre später gegründeten Benediktinerklosters St. Gallen.

Hedwig von Andechs

Patronin Schlesiens, Polens und Berlins ist eine Bayerin: die 1174 in Andechs geborene Grafentochter Hedwig. Sie wurde als 12-Jährige mit Herzog Heinrich I. von Schlesien verheiratet, gebar ihm sieben Kinder und lebte dann bis zu seinem Tod 1238 in glücklich-enthaltsamer Ehe. Die tatkräftige Herzogin stiftete Krankenpflege-Einrichtungen sowie das Kloster Trebnitz, wo sie im sechsten Jahr ihrer Witwenschaft zur ewigen Seligkeit einging und ihre letzte Ruhestätte fand. 1267 wurde sie heiliggesprochen.

Anastasius, Mönch in Cluny (11. Jh.); Florentinus, Bischof von Trier (3. Jh.); Lullus, erster Erzbischof von Mainz(8.Jh.), Margareta Maria Alacoque, französische Mystikerin (17. Jh.)

Oktober

17.

Ignatius

Wer sich vom Lieblingsjünger Jesu, Johannes, selbst zum Bischof eingesetzt weiß, der reklamiert für sich hohe Autorität: So Ignatius, der wohl um das Jahr 80 diese Erhöhung in Antiochia erfuhr und daraus die Forderung ableitete: „Man muss den Bischof wie den Herrn selbst ansehen." Auf ihn geht auch der Begriff „katholisch" (allgemein) zurück und die These von der Jungfrauengeburt. Im Jahr 117 soll er in Rom das Martyrium unter Kaiser Trajan erlitten haben und von Raubtieren zerrissen worden sein.

Anselm von Wien, österreichischer Franziskaner (16. Jh.); Balthasar Ravaschieri von Clavario, italienischer Franziskaner (15. Jh.); Johannes von Lykopolis, ägyptischer Einsiedler (4. Jh.)

18.

Lukas

Der Verfasser des zweiten nach ihm benannten Evangeliums und der Apostelgeschichte stammte wohl aus Antiochia, war Arzt, begleitete Paulus auf Reisen und war sein Gefährte in Rom. Seine neutestamentlichen Texte entstanden offenbar kurz nach dem Tod des Paulus. Sie sind gedacht zur Bekehrung von Heidenchristen, wie Lukas es selbst war, weswegen die „frohe Botschaft" von Jesus ausdrücklich als universal dargestellt ist. Um 80 fand Lukas den Tod in Griechenland; er ist Patron der Kranken und der Ärzte.

Petrus von Alcántara

Der Patron der Nachtwächter kam zu dieser Ehre, weil er nie länger als anderthalb Stunden schlief: Der aus Alcántara (Westspanien) kommende Petrus

(* 1499) war mit 15 Jahren Franziskaner geworden und bemühte sich, die ursprünglichen strengen Regeln wieder in Geltung zu bringen. Dazu gründete er den Reformzweig der „Alcantariner", die stets barfuß gingen, auf Brettern ruhten und strikte Vegetarier waren. Der Heilige starb am 18. Oktober 1562 in Arenas, das seitdem den Namenszusatz „de San Pedro" führt.

Asklepiades, Patriarch von Antiochia (3. Jh.); Isaak Joques, französischer Missionar in Kanada und Märtyrer (17. Jh.); Mono (Muno), irischer Einsiedler und Märtyrer (7. Jh.)

19.

Paul vom Kreuz

Im Jahr 1716 beschloss der 22-jährige Paolo aus Piemont nach einer Vision des Heilands, diesem sein Leben zu weihen. Er entwarf eine Ordensregel, die Tatkraft der Jesuiten und Einsamkeit der Kartäuser vereinen sollte, die „Gemeinschaft der Kleriker des heiligen Kreuzes und des Leidens unseres Herrn Jesu Christi", auch Passionisten genannt. Ein erstes Kloster entstand auf dem Monte Argentario bei Orbetello; 1741 fand der Orden päpstliche Anerkennung. Paul starb im Generalat S. Giovanni e Paolo in Rom 1775.

Frideswida, Klostergründerin in Oxford (8. Jh.); Laura von Córdoba, Äbtissin in Cuteclara und Märtyrerin (9. Jh.); Philip Howard, englischer Graf von Arundel und Märtyrer (16. Jh.)

20.

Vitalis

Herkunft und Hinwendung des heiligen Vitalis zum geistlichen Amt liegen im Dunkeln. Er tauchte erst zu Beginn des 8. Jahrhunderts als Schüler Ruperts auf, des ersten Bischofs von Salzburg (Gedenktag 24.9.), dessen Nachfolge er 718 antrat. Er setzte die Missionsarbeit im Pinzgau südlich von Salzburg fort und fungierte auch als Abt des Stifts St. Peter, in dessen Stiftskirche er nach dem Tod am 20. Oktober 730 die letzte Ruhestätte fand. Heute schmücken eine goldene Statue und ein Relief von 1497 sein Grab.

Wendelin

Ob er, wie die Legende meint, ein schottischer Prinz war, sei dahingestellt: Wendelin kam als 40-Jähriger um 600 an die Mosel, hütete für einen Edelmann Schafe, den er damit erzürnte, dass er sie so weit weg auf einem Berg weiden ließ, wo Wendelin gerne betete. Dennoch war dieser mit der Herde schneller zurück auf dem Hof als der berittene Herr. Der erschrak darob und erlaubte dem Knecht, ein Kloster in Tholey zu gründen. Dort starb er 617, wurde aber an seinem Gebetsberg beigesetzt, dem heutigen St. Wendel.

Cornelius, erster Heidenchrist (1. Jh.); Franz Alexander (Jakob) Kern, österreichischer Prämonstratenser (20. Jh.); Anna Franziska (Maria Bertilla) Boscardin, italienische Nonne (20. Jh.)

21.

Ursula und Gefährtinnen

Legenden überzeichnen, im Fall der heiligen Ursula wohl um den Faktor Tausend: Die christliche englische Prinzessin soll um 450 mit 11 000 Gefährtinnen ihrem Bräutigam und dessen Soldaten nachgereist und ins von Hunnen besetzte Köln geraten sein. Die Wilden seien über die Frauen hergefallen, hätten alle ermordet, nur Ursula habe überlebt, weil sie dem Anführer gefiel. Als sie sich verweigerte, habe auch sie das Martyrium erlitten. Reliquiennischen erinnern an das Massaker in der Kölner Kirche St. Ursula.

Hilarion der Große von Gaza, Einsiedler auf Zypern (4. Jh.); Maurontus, Bischof von Marseille (8. Jh.)

22.

Bertharius

Das Kloster Montecassino hatte als erste Mönchsgemeinschaft im Abendland stets eine Ausnahmestellung, Der Abt gehörte zu den hohen Kirchenfürsten. So auch Bertharius, der um 880 die Leitung übernahm und die Exemption (direkte Unterstellung unter den Papst) für das Kloster erreichte. Er legte auch den Grundstein für das spätere gleichnamige Städtchen um die Abtei. Damit sicherte er sich einen Platz in der Geschichte, in der kirchlichen durch sein Martyrium am 22. Oktober 884 bei einem Sarazenen-Überfall.

Abercius Marcellus, Bischof von Hierapolis (2. Jh.); Maria (Blandina) Ridder, Krankenschwester in Köln (19./20. Jh.); Ingbert (Ingobert); Einsiedler im Saargebiet (6./7. Jh.)

23.

Johannes von Capestrano

Während der italienischen Städtekriege in Gefangenschaft geraten, führte die harte Haft beim 1386 in Capestrano (Abruzzen) geborenen Juristen Giovanni (Johannes) zu innerer Umkehr. Er trat 1410 den Franziskanern bei und ging auf Missionsreisen. Dabei zeigte sich sein ausgeprägtes rhetorisches Talent, das die Menschen in Scharen anzog. 40 Jahre lang zog er durch Deutschland, die Niederlande, Böhmen, Polen und Österreich. Ordensintern bewirkten seine Reformen einen besseren Zusammenhalt († 23.10.1456).

Severin

Der Patron der Stadt Köln ist biografisch kaum fassbar: Severin wurde dort wohl um 400 Bischof und gewann die Verehrung seiner Gemeinde durch seine offensichtliche Heiligkeit, kenntlich etwa daran, dass er himmlischen Gesang wahrnehmen konnte und durch ihn Botschaften von weither empfing, z.B. vom Tode des heiligen Martin von Tours (Gedenktag 11.11.).

Über seinem Grab in der südlichen Altstadt von Köln entstand ein Gotteshaus, heute die romanische Kirche St. Severin, in deren Krypta eine Gedenktafel an ihn erinnert.

Heinrich von Köln, deutscher Dominikaner (13. Jh.); Johannes Bonus (Jambonus) von Mantua, oberitalienischer Klostergründer (13. Jh.); Oda von Amay, flämische Wohltäterin (7. Jh.)

24.

Antonius Maria Claret

Priester (1835), Missionar, Ordensgründer („Söhne des unbefleckten Herzens der Maria“, Claretiner, 1849), Erzbischof von Kuba (1850), Beichtvater von Königin Isabella II. (1857), Präsident des Escorial (1859): So steil die Karriere des 1807 geborenen Antonius Maria Claret, so bescheiden blieb der Mann, der sich ganz seinem Auftrag zur geistlichen Heilung seiner Heimat Spanien und des Hofes hingab und Gewissen seines Landes wurde. Er starb auf der Anreise zum 1. Vatikanischen Konzil am 24. Oktober 1870.

Evergisil(us), Bischof von Köln (6. Jh.); Martin, Abt in Vertou (6. Jh.); Proclus, Bischof von Konstantinopel (5. Jh.)

25.

Crispin(us) und Crispian(us)

„Sankt Crispin war gar ein heilig Mann,/zeigt, was ein Schuster kann", stimmen die Meistersinger in der Wagner-Oper an und beziehen sich damit auf zwei römische Brüder, die um 285 nach Augusta Suessionum (Soissons) in Nordgallien kamen, das Christentum predigten und sich Geld durch Schuhmacherei verdienten. Da sie für Arme unentgeltlich arbeiteten, zeigte sie ein Konkurrent bei den kaiserlichen Christenjägern an. Nach Verweigerung des Götzendienstes erlitten Crispin und Crispianus das Martyrium.

Fronto, erster Bischof von Périgueux (2. Jh.); Ludwig III. von Arnstein, deutscher Prämonstratenser (12. Jh.); Margarete von Roskilde, dänische Märtyrerin (12. Jh.)

26.

Amandus

Der erste belegbare Bischof von Straßburg war Amandus, der als Teilnehmer einiger Synoden in den 340er Jahren erwähnt wird. Auf diesen ging es um die Verurteilung des Arianismus, was nahe legt, dass auch Amandus Gegner dieser Irrlehre war. Nach seinem Tod um 355 setzte mehrere Jahrhunderte später die Verehrung um Straßburg ein, blieb aber regional beschränkt. Seine Reliquien ruhen angeblich in der Straßburger Kirche St. Peter, ein Glasfenster des Münsters aus dem 13. Jahrhundert zeigt den Bischof.

Adalgott, Abt in Disentis (11. Jh.); Anna Josepha (Josephine) Leroux, französische Nonne und Märtyrerin der Revolution (18. Jh.); Sigebald, Bischof von Metz (8. Jh.)

27. Wolfhard

Als Sattler in Augsburg tätig, ergriff den um 1070 geborenen Wolfhard mit 25 Jahren der Wandertrieb. Er ging nach Verona, verdiente mit seinem Beruf Geld und kümmerte sich um Arme und Kranke. Schließlich zog er sich für 20 Jahre in eine Einsiedelei ins Etschtal zurück. 1117 wieder in Verona, trat er als Klausner bei den Kamaldulensern ein. Sein Wunsch, unbeachtet zu sterben, erfüllte sich nicht: Beim Tod 1127 strömten die Menschen herbei zum letzten Gruß für den schon zu Lebzeiten als heilig Verehrten.

Armand Jean Bouthillier de Rancé, französischer Ordensgründer (17. Jh.); Evaristus, römischer Gemeindevorsteher und Märtyrer (2. Jh.); Gaudiosus, Bischof im nordafrikanischen Abitine (5. Jh.)

28. Simon und Judas Thaddäus

Zu den wenig bekannten Aposteln zählen die beiden Jünger Simon der Zelot und Judas Thaddäus. Der erstere erhielt seinen Beinamen, weil er vor der Berufung durch Jesus der Gemeinschaft der Zeloten angehörte. Der

letztere wurde durch Verwechslung mit dem Verräter Judas verdunkelt. Beide sollen nach Christi Himmelfahrt in Mesopotamien gepredigt und ein grausames Martyrium erlitten haben. Da beide Bescheidenheit und Demut auszeichneten, hat man ihre Feste in Unkenntnis der Todestage zusammengelegt.

Alcober (Johannes) Figuero, spanischer Missionar und Märtyrer in China (18. Jh.); Honoratus, Bischof von Vercelli (5. Jh.); Salvius, Bischof von Amiens (7. Jh.)

29.

Ferrutius

Nur eine Grabinschrift aus dem 4. Jahrhundert berichtet vom römischen Soldaten Ferrutius, der um 300 in Mainz Dienst tat und wegen seines christlichen Glaubens ständig in Gefahr war. Einige Zeit vermochte er sich dem Zugriff der kaiserlichen Häscher zu entziehen, doch dann geriet er durch die Anzeige eines Denunzianten in Haft, musste abschwören oder mit dem Tode rechnen. Er blieb standhaft und reihte sich ein in die große Schar der Märtyrer. Seine Gebeine ruhen seit 778 im Kloster Bleidenstadt.

Abraham von Kiduna, Einsiedler in Edessa in Kleinasien (4. Jh.); Berengar, erster Abt in Vornbach bei Passau (12. Jh.); Narcissus, Bischof von Jerusalem (2./3. Jh.)

30.

Foillan

Im frühen 7. Jahrhundert kam der irische Mönch Foillan nach Rom, wo er von Papst Martin I. zum Bischof geweiht wurde. In missionarischem Auftrag zog er ins nordwestliche Frankenreich und erhielt von Gertrud von Nivelles (Gedenktag 17.3.) ein Gebiet westlich von Namur zugewiesen. Dort errichtete er das Benediktinerkloster Fosses, dessen Leitung er einem Gefährten übertrug. Er selbst war in Nivelles als Lehrer von

Nonnen und Mönchen tätig, ehe er am 30. Oktober 655 Opfer eines heidnischen Überfalls wurde.

Helene (Maria Restituta) Kafka, österreichische Nonne und Märtyrerin (1943 enthauptet in Wien); Marcellus der Soldat, römischer Märtyrer in Tanger (3. Jh.); Theonestos, Bischof von Philippi und Märtyrer (5. Jh.)

31.

Wolfgang

Läuft sich jemand einen Wolf, fällt ihm kaum der mittelalterliche Bischof Wolfgang von Regensburg ein, und doch rührt die Bezeichnung vom Schutzheiligen gegen dieses und viele andere Leiden her. Der 924 geborene Mann hatte das hohe Amt 972 nach missionarischen Erfolgen auch deswegen bekommen, weil er den Kaiser durch Wunderheilungen beeindruckte. Er füllte es segensreich aus bis zum Ende am 31. Oktober 994. Seine Heilkraft zieht offenbar bis heute viele an den nach ihm benannten Sankt-Wolfgang-See.

Alonso (Alfons) Rodriguez, spanischer Mystiker (16./17. Jh.); Epimachus, Märtyrer in Alexandria (3. Jh.); Tommaso (Thomas) Bellaci, oberitalienischer Franziskaner (15. Jh.)

November

1.

Rupert Mayer

„Den Ordensberuf ergriff ich aus Liebe zu den Menschen", schrieb Pater Rupert Mayer, als er bei Haftantritt 1937 einen Lebenslauf zu liefern hatte: Ein gerader Weg von der Geburt 1876 in Stuttgart über die Schlachtfelder des Weltkriegs bis in die Kerker der Nazis, die den Volksmissionar wegen seiner steten Mahnung verfolgten, Gott mehr zu gehorchen als den Menschen. Im Staat Hitlers ein Verbrechen. Mayer überlebte den Despoten, starb aber entkräftet während einer Messe am 1. November 1945 in München.

Audomar, Bischof von Thérouanne (7. Jh.); Arthur O'Neilly, irischer Missionar in Ägypten und Märtyrer (13. Jh.); Harald IV. Blauzahn (Blaatand), dänischer König und Märtyrer (10. Jh.)

2.

Margarete von Lothringen

Schon in ihrer Jugend hatte sich die 1463 geborene Tochter Margareta des Herzogs von Lothringen bemüht, nach dem Vorbild der von ihr verehrten Elisabeth von Thüringen zu leben. Doch sie musste in eine Ehe willigen (1488). Als ihr Mann, Herzog von Alençon, bald darauf starb, regierte sie, indem sie ihre Habe der Fürsorge für Arme und Kranke opferte. Sie trat dem Klarissenorden bei und gründete für ihn das Kloster von Mortagne bei Argentan (Normandie), wo sie am 2. November 1521 die ewige Ruhe fand.

Rathold

Auf einem Felsen über der Inntalautobahn bei Fiecht erinnert in St. Georgenberg eine im 19. Jahrhundert restaurierte Wallfahrtskirche an den Einsiedler Rathold. Er lebte im 10. Jahrhundert, stammte aus vornehmer Familie in Aibling, hatte sich aber von der Welt abgewandt und sich in eine Schlucht in Tirol zurückgezogen. Über seiner Zelle entstand in den folgenden Jahrhunderten ein Kloster, das wegen einiger Brände und Erdrutsche vor 200 Jahren verlegt wurde. Rathold segnet auch vom neuen Standort aus.

Angela von Stolberg, schlesische Nonne (19./20. Jh.); Viktorin, Bischof in Poetovia (Pettau, Ptuj) und Märtyrer (4. Jh.); Wichmann von Arnstein, Bischof von Magdeburg und Prior in Neuruppin (13. Jh.)

3.

Hubertus

Historisch handelte es sich beim Patron der Weidmänner um den Sohn Hubertus des Herzogs von Toulouse, woselbst er um 655 zur Welt gekommen war. Er brachte es nach einer Zeit als Einsiedler in den Ardennen zum

Bischof von Maastricht und Lüttich, wo er 727 in die ewige Seligkeit abberufen wurde. Die Legendengestalt, also jener fromme Mann, der sich angesichts eines Hirschs mit einem Kruzifix zwischen den Geweihstangen bekehrt, kam erst sehr viel später auf, machte aber Hubertus erst wirklich populär.

Pirmin

Eines der wichtigsten Benediktinerklöster Deutschlands hat der heilige Pirmin gegründet. Der um 720 als Wanderbischof ins Oberrheingebiet gekommene Prediger habe sich im Jahr 724 auf die Insel Reichenau übersetzen lassen, von wo daraufhin sofort alles schädliche Getier geflohen sei. Andere Klöster von Murbach bis Amorbach im deutschen Südwesten nennen ihn ebenfalls als ihren Gründer. In einem davon, nämlich Hornbach in der Pfalz, starb er am 3. November 753. Der Name Pirmasens geht auf ihn zurück.

Ida (Ita, Idda) von Toggenburg, Einsiedlerin im Thurgau (13. Jh.); Martin von Porres, peruanischer Mönch (16./17. Jh.); Silvia, Mutter Papst Gregors des Großen (6. Jh.)

4.

Karl Borromäus

„Er nützt durch sein Beispiel mehr als jedes Konzil“, sagte ein Kirchenfürst über Karl Borromäus. Der 1560 mit nur 22 Jahren von seinem Onkel Papst Pius IV. zum Chef der Kurie ernannte Jüngling ging ganz im Gottesdienst auf, als den er auch alltägliche Verrichtungen gestaltete. Schon 1563 zum Erzbischof von Mailand erhoben, half er bei der Krankenpflege während einer Pestepidemie und verschenkte seine Habe an die Armen. Soviel Zuwendung zehrte die eigene Kraft auf: Karl Borromäus starb schon 1583.

Felix von Valois, französischer Einsiedler (12./13. Jh.); Egilbert, Bischof von Freising (11. Jh.); Franziska von Amboise, Priorin in Vannes (15. Jh.); Vitalis und Agricola, Märtyrer in Bologna (3./4. Jh.)

November

5.

Emmerich

Er war Sohn von Ungarnkönig Stephan I. und Enkel Kaiser Heinrichs II.: Der um 1007 geborene Emmerich (Imre) war vom Vater schon früh zur Mitregentschaft bestimmt. Wenige Tage vor der Krönung jedoch kam der begabte Jüngling 1031 bei der Jagd um. Wie sein Vater wurde er am 5. November 1083 kanonisiert, womit Papst Gregor VII. seinen lauteren christlichen Lebenswandel würdigen wollte. An Emmerichs Grab in der Zisterzienserkirche von Stuhlweißenburg ereigneten sich wundersame Heilungen und Bekehrungen.

Elisabeth und Zacharias

Schon früh setzte die Verehrung der Eltern Johannes des Täufers (Gedenktag 24.6.) ein: Die beiden alten Leute, die schon alle Hoffnung auf ein Kind aufgegeben hatten, erfuhren durch den Erzengel Gabriel, dass Elisabeth doch noch einen Sohn bekommen würde. Zacharias wollte es nicht glauben und wurde bis zur Geburt mit Stummheit geschlagen. Dann aber brach er in die Worte aus: „Du, Kind, wirst der Prophet des Allerhöchsten genannt werden, denn du wirst vor dem Herrn hergehen und seine Wege bereiten.“

Bernhard Lichtenberg, deutscher Märtyrer (1943 bei der Überführung ins KZ Dachau); Berthild (Bertilla), Äbtissin im nordfränkischen Chelles (7./8. Jh.)

6.

Leonhard

Er ist der bayerischste aller Heiligen und „Bauernherrgott“: Es gibt Umritte und Wallfahrten in großer Zahl zu seinen Ehren, doch der historische Leonhard war nie in Bayern, sondern ein Einsiedler Mitte des 6. Jahrhunderts bei Limoges. Er soll sich besonders um Gefangene gekümmert haben, weswegen er oft mit Ketten dargestellt wird. Man deutete sie regional als Viehketten, weswegen Leonhard als Schutzheiliger der Bauern, Stallknechte und der Fuhrleute gilt. Tiersegen werden an seinem Fest gesprochen.

Christine von Stommeln, rheinische Mystikerin (13./14. Jh.); Paulus I., Erzbischof von Konstantinopel (4. Jh.); Protasius, Bischof von Lausanne (7. Jh.)

Engelbert

Die mächtigen Klostervögte ärgerten den 1216 mit 31 Jahren zum Erzbischof von Köln ernannten Engelbert. Mit den neu gebildeten Bettelorden der Franziskaner und Dominikaner hoffte er sie in die Schranken weisen zu können und förderte deren Klostergründungen in seinem Bistum. Und auch dadurch versuchte er ein Gegengewicht zu schaffen, dass er die Politik Kaiser Friedrichs II. exekutierte. Damit schuf er sich Feinde, geriet in eine Grafenfehde und wurde am 7. November 1225 in Gevelsberg bei Köln ermordet.

Vincento Grossi

Schon als Bub in der Schule von Pizzighetone (bei Cremona) sonderte sich Vicento von den anderen Knaben ab, war still und in sich gekehrt. Mit 24 Jahren erhielt er 1869 die Priesterweihe und sehr schwierige Pfarreien übertragen. Ihm traute es der Bischof zu, selbst Verstockte durch seine Frömmigkeit zu überzeugen. Man hatte sich nicht getäuscht: Vincento gründete eine karitative Organisation und gewann mit seinem Vorbild viele Menschen für die Kirche zurück, ehe Gott ihn am 7. November 1917 abberief.

Antonio Baldinucci, italienischer Jesuit und Volksmissionar (17./18. Jh.); Florentius, Bischof von Straßburg (7. Jh.); Willibrord von Echternach, Friesenmissionar (8. Jh.)

8. Gottfried

Ein Mann, der sich auch durch hohe Ehren nicht verbiegen ließ: Der 1066 bei Soissons geborene Gottfried wurde 1090 Priester und im Jahr darauf Abt in Nogent-sous-Coucy in der Champagne. Gegen seinen Willen bestellte man ihn 1104 zum Bischof von Amiens. Wenn man den Mahner zu mehr Buße damit hatte ruhig stellen wollen, sah man sich getäuscht. Gottfried tadelte weiter die Oberflächlichkeit des Klerus und kritisierte selbst den Herzog. Die Kräfte des asketischen Bischofs waren am 8. November 1115 aufgezehrt.

Gregor, Abt in Einsiedeln (10. Jh.); Johannes Duns Scotus, scholastischer Theologe (13./14. Jh.); Willehad von Bremen, Missionar in Friesland (8. Jh.)

9. Theodor

Zu einer Siegesfeier von Kaiser Licinius im Jahr 306 nach Nikomedia gerufen, sah sich der christliche Offizier Theodor einer ganzen Parade von goldenen Götterstatuen gegenüber. Er zögerte nicht lange, zerstörte ein Bildwerk nach dem anderen und gab die wertvollen Stücke den Armen. Er versuchte sogar den Kaiser, der ihn zur Rechenschaft zog, zu bekehren. Doch der ließ ihn auspeitschen und nach furchtbaren Martern umbringen. An Theodor, den ersten Patron von Venedig, erinnert eine Säule auf der Piazetta.

Aurelius, armenischer Bischof (5. Jh.); Elisabeth Catez (von der heiligen Dreifaltigkeit), französische Mystikerin (19./20. Jh.); Ragnulf, Märtyrer bei Arras (7. Jh.)

10. Andreas Avellino

Der gebürtige Sizilianer Lancelotto, Jahrgang 1521, studierte Jura und Philosophie, ließ sich dann aber 1544 zum Priester weihen und trat 1556 in den Theatinerorden ein. Das eröffnete dem nun Andreas Avellino genannten Bruder ein weites missionarisches Feld. Er predigte von der Lombardei bis nach Neapel, wo er schließlich blieb, seit 1566 die Ordengeschicke leitete und von wo aus er zahlreiche neue Niederlassungen gründete. Hochbetagt starb der fromme Mann am 10. November 1608, während er die Messe las.

Leo I. der Große

Stehvermögen in schwerster Zeit: Leo, um 400 in der Toskana geboren, wurde 440 Bischof von Rom, als in der Kirche der Kampf um Irrlehren tobte und als das zerbrechende Römische Reich keinen Schutz mehr bot. Gegen die Ketzer setzte Leo die katholische Lehre und den Primat des Bischofs von Rom durch, gegen die Feinde des Reiches übernahm er die Führung, bewegte 452 die Hunnen zum Abzug und rettete Rom 455 auch vor den Vandalen. Als er am 10. November 461 starb, hatte die Kirche das Kaisertum beerbt.

Johannes Skotus, Bischof von Mecklenburg und Märtyrer (11. Jh.); Justus, erster Bischof von Rochester und Erzbischof von Canterbury (7. Jh.); Probus, Bischof von Ravenna (3./4. Jh.)

11.

Martin

Unübersehbar ist die Fülle des Brauchtums zu Sankt Martin: Im Zentrum steht die Begegnung des späteren Bischofs von Tours, der im 4. Jahrhundert lebte, mit einem frierenden Bettler. Da er weder Geld noch Brot bei sich hatte, teilte er seinen Mantel mit dem Schwert und gab die Hälfte dem armen Mann, damit er sich wärmen konnte. Die kleine Geste gewann so große Bedeutung, weil sie typisch war für den Heiligen, der auch als „Bischof der Armen“ bezeichnet wird. Fest ist der Beisetzungstag: 11. November 397.

Menas

Ein römischer Offizier aus Alexandria namens Menas bekannte sich während der Christenverfolgungen Kaiser Diokletians offen zur Religion Jesu. Sein Beispiel machte Schule, so dass der Kaiser ein Exempel statuierte. Am 11. November 296 ließ er den Bekenner hinrichten und etwa 40 Kilometer südlich von Alexandria verscharren; der Legende nach soll aus Menas' Grab ein Quell hervorgesprudelt sein. 1961 ausgegrabene Ruinen von Thermenanlagen zeugen davon, dass hier einst Wasser reichlich geflossen ist.

Bertuin, Missionsbischof im nördlichen Frankenreich (8. Jh.); Vinzenz (Eugen) Bossilkov, bulgarischer Märtyrer (20. Jh.); Hademunda, bayerische Pilgerin in Jerusalem (11. Jh.)

12.

Kunibert

Mit nur 23 Jahren erhielt der am Hof von Frankenherrscher Chlothar I. erzogene Moselfranke Kunibert um 620 die Ernennung zum Erzbischof von Köln. 40 Jahre lang konnte er am Rhein wirken und sich einen großen Ruf als Wohltäter erwerben. Er legte den Grundstein zum Gotteshaus St. Klemens, das im 13. Jahrhundert durch einen spätromanischen Bau ersetzt wurde. Dieser, zu Ehren des Gründers des ersten Hauses St. Kunibert geweiht, nahm die Gebeine des am 12. November 663 verstorbenen Bischofs auf.

Aemilianus (Emil) von Cogalla, nordspanischer Einsiedler (6. Jh.); Didatus (Diégo) von Alcalá, spanischer Mystiker (15. Jh.); Liafwin (Livinus), schottischer Missionar (8. Jh.)

13.

Stanislaus Kostka

Gegen den Willen des mächtigen Vaters ging der 14-jährige Stanislaus Kostka 1564 aus Nordpolen nach Wien und bat um Aufnahme in den Jesuitenorden. Man fürchtete aber den Vater und wies ihn ab. Erst in Rom nahm ihn Ordensgeneral Franz von Borja (Gedenktag 10.10.) am 17. Geburtstag als Novizen auf. In den nur zehn Monaten, die dem jungen Mann noch verblieben, eroberte er die Herzen der Mitbrüder und erwies seine Heiligkeit durch Christusvisionen. Ein Fieberanfall ließ sein kurzes Leben 1568 verlöschen.

Nikolaus I.

Es hatte Symbolkraft: Der unter den vorigen Päpsten aufgestiegene Nikolaus, ein vornehmer Römer, wurde 858 als erster Nachfolger Petri mit der Tiara gekrönt. Entsprechend hoch war sein Anspruch auf Vorrang vor allen Bischöfen. Das schuf ihm Feinde in Ost und West, was er eher als „viel Ehr“ sah denn als Gefahr. Er wurde damit auch zu einem wichtigen weltlichen Machtfaktor in einer Zeit, da die Kaisermacht zerfiel. Der Beiname „der Große“ würdigt auch das an Nikolaus I., der am 13. November 867 starb.

Abbo, Abt in Fleury und Märtyrer (10./11. Jh.); Livia (Augustina) Pietrantoni, italienische Nonne (19. Jh.); Homobonus von Cremona, italienischer Wohltäter (12. Jh.)

November

14.

Nikolaus Taveliç und Gefährten

Zuweilen wurde das schon genehmigt, aber ausgerechnet an einem hohen islamischen Feiertag? Nikloaus Taveliç, ein Franziskaner aus Bosnien, und drei Ordensbrüder wollten im Jahr 1391 in Jerusalem zum Martinstag in der Omar-Moschee predigen und stellten beim Kadi einen Antrag. Der aber warf die Christen hinaus und sorgte dafür, dass ihr Ansinnen ruchbar wurde. Es kam zu muslimischen Demonstrationen und zu Misshandlungen der vier Prediger, die schließlich verhaftet und am 14. November enthauptet wurden.

Laurentius O'Toole, Erzbischof von Dublin (12. Jh.); Serapion, Märtyrer in Algier (13. Jh.); Siad, Abt von Mariengaarde in Brabant (13. Jh.)

15.

Albertus Magnus

Die Kirche ließ sich über sechs Jahrhunderte Zeit, ehe sie den um 1200 in Lauingen geborenen Naturwissenschaftler und Theologen Albertus Magnus 1931 heiligsprach. Das lag an seinem umstrittenen Rückgriff auf jüdische, arabische und vor allem antike Vordenker, insbesondere Aristoteles. Das „Gespräch" mit ihnen erschloss dem „großen" Albertus neue Erkenntnisquellen und machte ihn zum wegweisenden Denker des Hochmittelalters. Er lehrte in Paris und vor allem in Köln, wo er am 15. November 1280 verschied.

Leopold III.

Vom Vater erbte er die Markgrafschaft Österreich und baute sie aus: Leopold III., geboren um 1073, heiratete die Kaiserschwester Agnes, die ihm 18 Kinder gebar. Diese verheiratete er so geschickt, dass immer einige Gebiets- oder Vermögensgewinne abfielen. Vieles davon verwendete der Landesvater zur Gründung von Klöstern (u.a. Heiligenkreuz, Mariazell). Trotz der kaiserlichen Verwandtschaft hielt er stets zum Papst. Der Patron Österreichs starb am 15. November 1136 in seiner Gründung Klosterneuburg.

Desiderius, Bischof im südwestfranzösischen Cahors (7. Jh.); Jean-Claude Colin, französischer Ordensgründer (19. Jh.); Joseph Pignatelli, italienischer Jesuit (18./19. Jh.); Marinus und Anianus, Missionare und Märtyrer in Bayern (7. Jh.)

16.

Edmund von Abington

Sein Grabmal und das massige Gotteshaus im nordfranzösischen Pontigny, in dem es steht, sind so schön, dass man darüber fast den unbeugsamen Kämpfer für den Glauben vergisst: Edmund, um 1180 in Abington bei Oxford geboren, wurde Theologe und 1234 zum Erzbischof von Canterbury ernannt. Wegen seiner Sittenstrenge geriet er mit dem englischen König Heinrich III. immer wieder in Konflikt, bis er schließlich 1240 resignierte und nach Frankreich ging. Dort starb er schon am 16. November des gleichen Jahres.

Margarete

Die Schutzpatronin Schottlands ist die in Ungarn 1046 geborene Tochter Margarete des englischen Königs Edmund. Sie wuchs am Hof ihres Onkels Eduard des Bekenners (Gedenktag 5. Januar) auf, floh beim Einfall der Normannen 1066 nach Schottland und heiratete den dortigen König Malcolm III. Wie um das Wohl ihrer acht Kinder kümmerte sich die Landesmutter um die Armen und bekämpfte die heidnischen Bräuche. Sie gründete die Abtei Dunfermline, wo sie nach ihrem Ende am 16. November 1093 beigesetzt wurde.

Agnes, Äbtissin in Assisi (13. Jh.); Eucherius, Bischof von Lyon (5. Jh.); Otmar, Gründer und Abt des Klosters St. Gallen (8. Jh.)

17.

Gertrud von Helfta

Die Eltern gaben die fünfjährige Gertrud 1261 ins Zisterzienserkloster Helfta bei Eisleben. Hier entfaltete sich die Spiritualität des Mädchens, das in Visionen Christi Ankündigung „göttlicher Wonnen" erlebte. Diese Erlebnisse hielt die Nonne schriftlich fest. Ihre später so populären Werke („Geistliche Übungen") hatten großen Einfluss auf die Volksfrömmigkeit und wirkten auch in romanischen Ländern. Bis heute ist Gertrud, die am 12. November 1302 in ihrem Kloster starb, Patronin von Tarragona und Peru.

Gregor von Tours

Auf Abbildungen posiert er mit Buchrolle und Feder: Gregor, 538 geborener Sohn einer römischen Senatorenfamilie und seit 573 Bischof von Tours im Herzen Galliens, erlangte durch sein schriftstellerisches Werk Bedeutung. Als einflussreicher Berater der fränkischen Könige hatte er zudem eine politische Machtstellung. Wichtig vor allem wurde seine „Historia Francorum", eine in zehn Büchern niedergelegte Geschichte der neuen Herren Galliens bis 591. Der gelehrte Kirchenmann starb am 17. November 594.

Florinus vom Vintschgau, Priester im schweizerischen Remus (9. Jh.); Gregor der Wundertäter (Thaumaturgos), Bischof von Neocaesarea (3. Jh.); Hilda von Whitby, Äbtissin in Streaneshalch (7. Jh.)

18.

Odo

Mit dem Kloster Cluny verbindet sich die wohl wirkmächtigste geistliche Reformbewegung des Mittelalters. Und an ihrem Anfang stand der zweite Abt Odo, ein um 880 geborener Grafensohn, der sein Amt 927 antrat. Er betonte die mönchischen Ideale der Armut und Demut und verwarf irdische Verlockungen. Ihm schlossen sich bald viele Klöster an. Zur Reichweite seiner Ideen trug auch seine Vorliebe für die Musik bei, auf deren Schwingen sie ins ganze Abendland flogen. Odo verschied am 18. November 942 in Tours.

Aude (Alda), Gefährtin der heiligen Genoveva (5./6. Jh.); Gerung, Abt im schwäbischen Roggenburg (12. Jh.); Philippine Rose Duchesne, französisch-amerikanische Ordensgründerin (18./19. Jh.)

19.

Elisabeth von Thüringen

Die Wunder, die sich um die 1207 geborene ungarische Prinzessin Elisabeth ranken, füllen Folianten. Sie heiratete den Landgrafen von Thüringen, kümmerte sich nach dem Vorbild der Franziskaner um Notleidende, geriet deswegen in Konflikt mit ihrer Familie, wurde nach Bamberg, später nach Marburg vertrieben und starb dort am 17. November 1231 in dem von ihr gestifteten Spital. Die Marburger Elisabeth-Kirche, erster hochgotischer Bau in Deutschland, erinnert an sie, die schon 1235 heiliggesprochen wurde.

Totto

Das 8. Jahrhundert war die Epoche der großen und lange nachwirkenden Klostergründungen im südwestdeutschen Raum. Von St. Gallen über die Reichenau bis nach Ottobeuren reichen die bedeutenden Abteien, und hier im Allgäu begegnen wir dem offenbar wohlhabenden Totto (Otto), der anscheinend auf eigenem Besitz 764 das letzte der drei genannten Klöster mitbegründete. 50 Jahre lang soll er es als Abt geleitet und zu einer ersten Blüte geführt haben, ehe er am 19. November 815 das Zeitliche segnete.

David von Augsburg, deutscher Franziskaner (13. Jh.); Mechthild von Hackeborn, Mystikerin in Anhalt (13. Jh.); Swidger, Bischof von Münster (10./11. Jh.)

20.

Bernward

Er hatte beste Verbindungen: Bischof Willigis von Mainz weihte den um 960 geborenen sächsischen Adligen Bernward zum Priester, Kaiserin Theophanu ernannte ihn 987 zum Erzieher des unmündigen Otto III., und dieser bestätigte 993 seine Wahl zum Bischof von Hildesheim. Selbst höchst kreativ, machte Bernward sein Bistum zu einem Zentrum der Künste, legte 1007 den Grundstein für die romanische Kirche St. Michael und gab Weisungen für die Gestaltung des eigenen Sarkophags in der dortigen Krypta († 20.11.1022).

Ambrosius von Camaldoli, italienischer Theologe (15. Jh.); Edmund, König und Märtyrer in Südostengland (9. Jh.); Anna Felice (Maria Fortunata) Viti, italienische Benediktinerin (19./20. Jh.)

21.

Gelasius I.

Es dürfe sich, so teilte er Kaiser Anastasios mit, niemand über jenen erheben, „den Christi Wort selbst über alle Menschen gestellt hat“. Zwar anerkannte der seit 491 amtierende Papst Gelasius I. die weltliche Gewalt des

Kaisers, doch da nur die geistliche Gewalt Verbindung zum Allerhöchsten stiften könne, sei seine Macht eine zweitrangige. Hier begegnen wir erstmals ausgeprägt dem Anspruch des Papstes auf Vorrang. Gelasius, der am 21. November 496 verschied, wies damit allen Nachfolgern den Weg.

Albert, Bischof von Lüttich und Märtyrer (12. Jh.); Emmanuel d'Alzon, französischer Ordensgründer (19. Jh.); Rufus, Schüler des Apostels Paulus in Rom (1. Jh.)

22.

Cäcilia

Obwohl sie nie heiraten wollte, spielt die Eheschließung für Cäcilia als Patronin der Kirchenmusik eine Schlüsselrolle: Die um 200 geborene Römerin wurde gegen ihren Willen dem heidnischen Valerianus angetraut und soll bei der Hochzeit mit innerem Gesang zum Orgelspiel um den Erhalt ihrer Reinheit gefleht haben. Der Ehemann erkannte ihre Gottgeweihtheit, bekehrte sich und erlitt wie sie um 230 das Martyrium. Über ihrem Todesort erhebt sich die Kirche S. Cecilia im römischen Stadtteil Trastevere.

Benignus, Bischof von Mailand (5. Jh.); Philemon von Kolossä, kleinasiatischer Bischof (1. Jh.); Salvator Lilli, italienischer Franziskaner und Märtyrer in Armenien (19. Jh.)

23.

Klemens I.

Er fühlte sich dem Amt nicht gewachsen, als ihn der Apostel Petrus bat, seine Nachfolge als Leiter der Gemeinde von Rom zu übernehmen: Klemens brauchte noch Reifezeit. Im Jahr 88 aber stellte er sich der Aufgabe, die er bis 97 ausübte. Dann wurde er zur Zwangsarbeit auf die Krim verbannt und erlag dort den Strapazen. Klemens I. verfasste zwei Briefe, einen zur Schlichtung von Streitigkeiten in Korinth und eine Predigt. Sie sind Belege für die schon in der Frühzeit wichtige Rolle des Bischofs von Rom.

Kolumban

Der um 530 geborene irische Mönch Kolumban wurde fast 60 Jahre alt, ehe er zu seiner eigentlichen Bestimmung als Missionar auf dem europäischen Festland fand. Er gründete im Frankenreich viele Klöster, darunter das berühmte Luxeuil, dessen erster Abt er war; seine ungemein strenge Regel machte weithin Schule. Er setzte 610 seine Arbeit im Oberrheingebiet fort, ehe er 613 nach Oberitalien weiterzog und in Bobbio (Piacenza) ein letztes Kloster gründete und dort am 23. November 615 sein Leben beschloss.

Detlef von Parkentin, Bischof von Ratzeburg (14./15. Jh.); Felicitas und ihre Söhne, Märtyrer in Rom (2. Jh.); Margareta von Savoyen, italienische Markgräfin und Dominikanerin (15. Jh.)

24.

Chrysogonos

Der Name verweist auf wohlhabende Herkunft: Chrysogonos bedeutet auf Deutsch „der Goldgeborene“. Doch materieller Reichtum hatte für den Römer keine Bedeutung, ihm ging es um sein himmlisches „Konto“, wie aus Trostbriefen hervorgeht, die er an die heilige Anastasia (Gedenktag 25.12.) ins Gefängnis schrieb und die in der „Legenda Aurea“ überliefert sind. Seine Glaubensfestigkeit brachte Chrysogonos um 303 das Martyrium. Die uralte Kirche S. Crisogono im Viertel Trastevere in Rom erinnert an ihn.

Balsam, Abt im nordwestitalienischen La Cava (13. Jh.): Maria Anna Sala, italienische Nonne (19. Jh.); Protasius, Bischof von Mailand (4. Jh.)

25.

Katharina von Alexandria

Das Katharinenkloster am Sinai heißt nach einer Heiligen, von der man im Grunde nur Legendäres weiß: Sie soll eine um 270 geborene zypriotische Prinzessin gewesen sein, welche die Philosophen Alexandrias in einer Diskussion so in die Enge trieb, dass sich alle zum Christus bekehrten. Als sie der Kaiser daraufhin im Jahr 303 töten lassen wollte, versagten alle Mittel, so dass sich auch die Henker und die Kaiserin bekehrten. Da ließ sie der Herrscher enthaupten; Engel trugen ihren Leichnam auf den Sinai.

Egbert, Abt in Münsterschwarzach (11. Jh.); Elisabeth „Bona“ Achler, oberschwäbische Mystikerin (15. Jh.); Philopater Mercurius, Märtyrer in Caesarea (3. Jh.)

26.

Konrad

Schon als Mittdreißiger wurde Grafensohn Konrad 934 zum Bischof von Konstanz geweiht. Tiefe Frömmigkeit hatte ihn für den hohen Posten empfohlen. Er unternahm Wallfahrten ins Heilige Land, organisierte eine effektive Armenhilfe in seinem Bistum und opferte dafür und für die Ausstattung von Klöstern sein Privatvermögen. Unerschütterliches Gottvertrauen zeichnete ihn aus: So schluckte er beim Abendmahl ungerührt eine in den Kelch gefallene Spinne, die später unversehrt wieder hervorkam († 26.11.975).

Leonhard von Porto Maurizio

Philosophie und Medizin füllten den 1676 als Paolo Girolamo Casanuova in Porto Maurizio (heute Imperia) zur Welt gekommenen Leonhard nicht aus. 1697 schloss er sich den Franziskanern an, wurde 1702 zum Priester geweiht und zog als Volksmissionar durch sein Heimatland. Die Leute strömten ihm in Scharen zu und folgten ihm bei der Einrichtung von Kreuzwegen, insgesamt 600 an der Zahl. Schon zu Lebzeiten als Heiliger verehrt, wurde Leonhard nach dem Tod am 26. November 1751 in Rom 1867 heiliggesprochen.

Adalbert, Prior in Oberaltaich (13./14. Jh.); Delphina von Glandenes, französische Franziskaner-Terziarin (14. Jh.); Nikon der Bußprediger („Metanoites“), Einsiedler in Griechenland (10. Jh.)

27.

Bilhildis

Sie stammte aus der Würzburger Gegend, geboren um die Mitte des 7. Jahrhunderts: Bilhildis heiratete in jungen Jahren den heidnischen Herrscher Hetan I. von Thüringen, bekehrte ihn zum Christentum und widmete sich der Armen- und Krankenfürsorge. Nach dem Tod ihres Mannes gründete sie mit Hilfe ihres Onkels Erzbischof Sigibert von Mainz das Kloster Altenmünster, dessen Leitung sie als Äbtissin bis zu ihrem Tod um 734 wahrnahm. In der Mainzer Pfarrkirche St. Emmeran werden Reliquien der Heiligen aufbewahrt.

Acharius, Bischof von Noyon-Tournai (7. Jh.); Jacobus der Zerschnittene (Intercisus), Märtyrer in Persien (5. Jh.); Oda von Brabant, Prinzessin und Einsiedlerin (8. Jh.)

28.

Gregor III.

Der Streit mit Konstantinopel um die Bilderverehrung schwelte schon länger, als Gregor III., ein Priester syrischer Herkunft, 731 zum Bischof von Rom gewählt wurde. Er forderte den Kaiser Leon III. (regierte 717–741) auf, den Ikonoklasten (Bilderfeinden) das Handwerk zu legen. Der aber reagierte aggressiv und machte Gregor fortan das Leben schwer. Der Papst setzte daher verstärkt auf den Norden und beauftragte Bonifatius (Gedenktag 5.6.) mit der Germanenmission. Gregor verstarb am 28. November 741.

Gunther von Melk, bayerischer Herzogssohn (8. Jh.); Hathumod von Brunshausen, Äbtissin in Gandersheim (9. Jh.); Jacobus Picéni (de Marchia), italienischer Volksprediger (15. Jh.)

29.

Pierre (Dionysius) Berthelot

An der normannischen Küste in Honfleur 1600 geboren, zog es den jungen Pierre zur Seefahrt. Als er 35 geworden war, erkannte er jedoch die Leere seines schweifenden Daseins und trat während einer Indienreise in den Orden der Unbeschuhten Karmeliter ein. Als Prediger ging er wenig später nach Sumatra, wo er im November 1638 in die Hände muslimischer Fanatiker geriet. Der sanftmütige und doch glaubensfeste Mönch irritierte die Gegner, die seine Ermordung beschlossen und ihm den Schädel spalteten.

Brendan, Abt im irischen Birr (6. Jh.); Christine von Retters, Mystikerin im Taunusgebiet (13. Jh.); Francesco Antonio Fasani, italienischer Ordensgründer (18. Jh.)

November

30.

Andreas

Wie sein Bruder Simon, später Petrus, war Andreas Fischer am See Genezareth, ehe er Jünger Johannes' des Täufers und dann zum ersten namentlich bekannten Apostel Jesu berufen wurde. „Ich will euch zu Menschenfischern machen!" Nach der Himmelfahrt des Herrn verkündete Andreas daher das Evangelium u.a. im griechischen Patras. Dort fingen ihn die Häscher des entmenschten Kaisers Nero und richteten ihn am 30. November des Jahres 60 an einem schrägen Kreuze hin, das seitdem Andreaskreuz genannt wird.

Friedrich von Regensburg, Laienbruder der Augustiner-Eremiten (14. Jh.); Mirocles, Bischof von Mailand (4. Jh.); Sapor (Schapur), persischer Bischof und Märtyrer (4. Jh.)

Blanca

Der König von Kastilien verheiratete im Jahr 1200 seine zwölfjährige Tochter Blanca mit dem französischen König Ludwig VIII. 1215 kam der Kronprinz Ludwig IX. (Gedenktag 25.8.) zur Welt und erbte 1226 den Thron. Blanca regierte für ihn bis 1236 und erneut seit 1248, als der Sohn zum 6. Kreuzzug aufbrach. Sie kümmerte sich vor allem um die Sozialfürsorge und unterstützte die Klöster. Die beim Volk hochbeliebte Königin beschloss am 1. Dezember 1252 ihr Leben im von ihr gegründeten Kloster Maubuisson.

Edmund Campion

Mit der Reformation brach ein neues Zeitalter der Märtyrer an: Edmund Campion stammte aus anglikanischer Familie (* 1540 in London), fühlte sich aber zur katholischen Kirche hingezogen. 1571 ging er aufs Festland, studierte katholische Theologie, trat 1573 in Rom dem Jesuitenorden bei und empfing 1578 die Priesterweihe. Im Jahr darauf kehrte er in die Heimat zurück, begann mit dem Aufbau einer Jesuitenschule und agitierte im katholischen Sinn. Er wurde enttarnt und am 1. Dezember 1581 hingerichtet.

Antonius Bonfadini, italienischer Franziskaner (15. Jh.); Charles de Foucauld, französischer Missionar und Märtyrer in Nordafrika (19./20. Jh.); Eligius (Eloi, Loy), Bischof von Noyon (7. Jh.)

Dezember

2.

Bibiana

Im Jahr 367 soll die Familie des Präfekten Flavianus unter Kaiser Julian dem Abtrünnigen (Apostata) einer Christenverfolgung zum Opfer gefallen sein. Die Kaiser starb aber schon 363, weswegen die unerschrockenen Christen wohl eher von heidnischen Fanatikern eingesperrt und umgebracht wurden. Während Eltern und Schwester den Haftbedingungen erlagen, wurde die 15-jährige Tochter Bibiana zu Tode gepeitscht. Papst Simplicius weihte ihr um 480 eine Kirche in Rom, heute neben dem Hauptbahnhof gelegen.

Lucius

Er war wohl ein Mann aus dem Prättigau, obgleich Legenden von königlich-britischer Herkunft raunen: Lucius wirkte im 4. Jahrhundert im Westen der römischen Provinz Rätien bei Chur (Graubünden) als Missionar und soll dort erster Bischof gewesen sein. Berichte, nach denen er das Martyrium erlitt, lassen sich nicht erhärten. Er wurde einer der wichtigsten Heiligen der Schweiz. Seine Gebeine ruhen seit dem 8. Jahrhundert in der Ringkrypta der St.-Luci-Kirche in Chur; er wird als Patron der Stadt verehrt.

Maria Angela Astorch, spanische Kapuzinerin (17. Jh.); Chromatius, Bischof von Aquileia (4./5. Jh.); Jan van Ruysbroek, flämischer Mystiker (14. Jh.)

3.

Franz Xaver

Geboren 1506 in Nordostspanien als Francisco Javier de Jassu y Azpilcueta, studierte Franz Xaver in Paris, lernte Ignatius von Loyola (Fest 31.7.) kennen und begründete mit ihm den Jesuitenorden. Er übernahm Aufgaben der Mission in Indien und Fernost, passte sich den Bräuchen seiner Gastländer an und konnte viele Tausende taufen. Seine

Berichte nach Rom erschienen seit 1545 gedruckt und gaben der Heidenmission entscheidende Impulse. Am 3. Dezember 1552 verschied er auf einer südchinesischen Insel.

Modestus

Zu den besonderen Sehenswürdigkeiten in Österreich gehört die Wallfahrtskirche Maria Saal, das älteste Gotteshaus Kärntens. Es geht zurück auf den irischen Missionar Modestus, der um 750 nach Salzburg kam und seine Tätigkeit nach Süden ausdehnte. Er legte schon im Jahr darauf den Grundstein zur ersten Kirche, in der er nach seinem Tod am 3. Dezember 772 beigesetzt wurde. Der nach ihm benannte Altar ist noch ein Relikt der Anfangszeit. Unter ihm ruhen die Gebeine des Modestus in einem Kindersarkophag.

Birinus (Berin), erster Bischof von Dorchester (7. Jh.); Emma von Lesum, bremische Wohltäterin (11. Jh.); Gerlind, elsässische Herzogin (8. Jh.)

4.

Barbara

Sie ist Schutzheilige zahlreicher Berufe vom Totengräber bis zum Artilleristen und wird bei Gewitter und gegen einen jähen Tod angerufen: Barbara, eine der 14 Nothelfer, lässt sich historisch kaum fassen. Vermutlich war sie eine Märtyrerin aus Nikomedia im 4. Jahrhundert. Umso intensiver sind die mit ihr verbundenen Bräuche, vor allem der, am Barbara-Tag Obstzweige zu schneiden und daheim in Vasen zu stellen. Blühen sie zu Weihnachten, gilt das als glückliches Vorzeichen für das folgende Jahr.

Johannes von Damaskus

Aus arabisch-christlicher Familie in Syrien stammend (* um 650), zog sich Johannes bei beginnender Christenbedrückung durch die Muslime ins Kloster Mar Saba bei Jerusalem zurück. Er machte sich einen Namen als theologischer Publizist, dessen Rat die Bischöfe von Nah und Fern suchten. Der etwa 100-jährig gestorbene Gottesgelehrte wird in der Kunst mit abgeschlagener Hand dargestellt. Die Legende berichtet nämlich, man habe Johannes nach Verleumdung so bestraft, doch sei die Hand wieder nachgewachsen.

Adolph Kolping, Priester und „Gesellenvater“ (19. Jh.); Christian von Preußen, Missionsbischof in Polen (13. Jh.); Sola, Einsiedler in Solnhofen (8. Jh.)

5.

Anno

„Blüte und Licht Deutschlands“ war einer der Ehrentitel des Kölner Erzbischofs Anno. Der aus schwäbischem Adel stammende Mann (* um 1010) hatte das hohe Amt 1056 übernommen und sich an die Reform seines Bistums im Sinne der Ideen aus Cluny gemacht. Auch politisch engagierte er sich, beendete die Regentschaft durch Kaiserin Agnes 1062 und nahm den unmündigen Kaiser Heinrich IV. in seine Obhut. Im „Annolied“ von 1106 setzte ein Dichter dem am 4. Dezember 1075 verstorbenen Kirchenfürsten ein Denkmal.

Attala (Athalia), Äbtissin von St. Stephan in Straßburg (8. Jh.); Bartolommeo Fanti, italienischer Karmeliter (15. Jh.)

6.

Nikolaus

Einer der populärsten Heiligen, historisch zurückgehend auf den Bischof von Myra in Kleinasien im 4. Jahrhundert, ist „der“ Nikolaus: Freund der Kinder, Patron der Gefangenen, Nothelfer, Schutzheiliger für ein gute Heirat, von Bari und Russland, der Pilger, Schiffer, Bierbrauer und Diebe. Wenn die Kinder in der Nacht zum 6. Dezember Schuhe vor die Tür stellen, dann wissen sie: Nikolaus wird sie nicht vergessen und sie mit Süßem und Spielzeug bedenken – wenn sie brav waren. Und das waren sie ja alle!

Abraham, Einsiedler und Bischof von Gratia in Bithynien (6. Jh.); Katharina (Henrika) Faßbender, deutsche Franziskanerin und Märtyrerin (19. Jh.); Obitius, Ritter in Brixen (12./13. Jh.)

7.

Ambrosius

Der spätere Kirchenvater Ambrosius war noch nicht getauft, als er im Jahr 373 als 35-Jähriger zum Bischof von Mailand gewählt wurde. Seine Beliebtheit als Politiker hatte Hoffnungen geweckt, er werde die zerstrittene Gemeinde einigen. Das gelang ihm, seine Predigten zogen Freunde wie Gegner an, die Armen wussten sich bei ihm aufgehoben, der Kaiser kniete vor ihm: „Der Herrscher steht innerhalb und nicht über der Kirche.“ Augustinus (Fest 28.8.) war der berühmteste Schüler des 397 verewigten Heiligen.

Fara, Äbtissin in Faremoutier bei Meaux (7. Jh.); Maria Josepha Rosello, italienische Ordensgründerin (19. Jh.)

Dezember

8.

Romarich

Einer der wichtigsten Berater der fränkischen Könige um 600 war Romarich. Das Leben bei Hofe aber sagte ihm nicht mehr zu; er wurde Mönch im Benediktinerkloster Luxeuil. Der König, der seinen Rat weiter suchte, schenkte ihm ein Stück Land in den Vogesen, wo Romarich das nach ihm benannte Nonnenkloster Remiremont gründete und es bald zu einem Doppelkloster auch für Mönche erweiterte. Er leitete es als Abt bis zu seinem Ende am 8. Dezember 650. Seit dem 11. Jahrhundert wird er als Heiliger verehrt.

Eutychianus, Bischof von Rom (3. Jh.); Valens, Bischof von Avignon (6. Jh.); Konstantin, Abt im zentralfranzösischen Orval (12. Jh.)

9.

Eucharius

Die alten Bischofslisten nennen Eucharius als ersten Verwalter der Diözese Trier im dritten Jahrhundert. Er soll als Missionar aus Rom gekommen sein und die Venus-Statue in der römischen Garnison gestürzt haben. Sonst ist weiter nichts über sein Wirken und seine Biografie überliefert. Schon kurz nach seinem Tod wurde an seiner Grabstätte eine Kapelle errichtet, der Vorgängerbau der heutigen Matthiaskirche. Bildliche Darstellungen zeigen Eucharius im Bischofsgewand mit einem Modell des Trierer Doms.

Pierre (Petrus) Fourier

In Lothringen hatte die Reformation zu Glaubensunsicherheit geführt. Der 1565 dort geborene Pierre Fournier setzte sich nach der Priesterweihe 1589 zum Ziel, seinen Landsleuten als Pfarrer im kleinen Ort Mattaincourt wieder Orientierung zu geben. Das gelang ihm vor allem durch Hinwendung zur Jugend, deren Bildungsstand er hob, indem er 1597 den Lehrorden „Von unserer Lieben Frau“ gründete. Schon bald nach seinem Tod am 9. Dezember 1640 im nahen Gray wurde Fourier als „Heiliger Lothringens" verehrt.

Gorgonia, Schwester von Gregor von Nazianz d.J. (4. Jh.); Juan Diego (Cuauhtlatohuac), aztekischer Mystiker (16. Jh.); Syrus, erster Bischof von Pavia (4. Jh.)

10.

Eulalia

Zu den beliebtesten Heiligen Spaniens gehört ein Kind: Die 12-jährige Eulalia aus reichem Haus in Mérida (Extremadura) empörte sich über die Christenverfolgung der römischen Behörden, verließ im Jahr 304 heimlich das elterliche Gut und drang zum Statthalter vor, wo sie mit den Worten „Ihr sucht Christen? Hier bin ich!" ein Götzenbild von der Wand riss und es zertrat. Der hohe Herr ließ sie festnehmen und nach Foltern in einem Backofen verbrennen. Heute erhebt sich am Tatort die Kirche Santa Eulalia.

Edmund Genings (Jennings), englischer Märtyrer (16. Jh.); Tethard (Diethard), Abt im friesischen Zisterzienserkloster Bloemkamp (12. Jh.)

11.

Damasus I.

Um 305 und damit in schwerster Zeit der Christenverfolgungen durch Kaiser Diokletian geboren, war Damasus Diakon von Papst Liberius (amtierte seit 352) und wurde 366 sein Nachfolger. Er sah sich mit einem Gegenpapst konfrontiert und hatte schwere und blutige Kämpfe auszufechten. Er betonte den Anspruch des Bischofs von Rom auf Vorrang, forderte die Ehelosigkeit oder doch Enthaltsamkeit der Priester und beauftragte Hieronymus (Fest 30.9.) mit der Erarbeitung der Vulgata. Am 11. Dezember 384 starb er.

Tassilo III.

Er war ein eifriger Förderer der Christianisierung seiner Länder: Herzog Tassilo III. von Bayern, geboren um 740, gründete zahlreiche Klöster, darunter als bekannteste Wessobrunn südlich des Ammersees und Kremsmünster in Oberösterreich, konnte aber sein Werk nicht vollenden. Sein Herzogtum stand der Expansion des Frankenreichs Karls des Großen im Wege, weshalb dieser Tassilo 788 wegen angeblichen Treuebruchs absetzte und bis zu seinem Tod an einem 11. Dezember vor 800 in Haft im Kloster Lorsch hielt.

Arthur Bell, englischer Märtyrer (17. Jh.); David von Himmerod, deutscher Zisterzienser und Mystiker (12. Jh.); Wilburgis, Einsiedlerin beim österreichischen St. Florian (13. Jh.)

12.

Konrad von Offida

Schon als Junge bewunderte der 1237 in Offida an der Adria-Küste geborene Konrad den heiligen Franz von Assisi (Fest 4.10.). 14-jährig trat er dessen Orden bei und übernahm die niedrigsten Arbeiten. In Bescheidenheit ließ er sich von keinem Bruder übertreffen und stand bald im Ruf, ein „zweiter Franziskus“ zu sein. Dazu trugen auch seine ergreifenden Predigten bei, zu denen die Menschen in Scharen strömten. In den letzten Jahren lebte Konrad im Kloster La Verna, wo er am 12. Dezember 1306 verschied.

Dietrich, Abt von Kremsmünster (11. Jh.); Ida von Nivelles, flämische Mystikerin (13. Jh.); Vicelin, Bischof von Oldenburg und Apostel der Wenden (12. Jh.)

Lucia

Wichtiger als die historische Figur, eine jugendliche Märtyrerin in Syrakus im Jahr 304, sind die Bräuche, die sich um die wegen ihrer Reinheit verehrte Heilige ranken: Vor der Gregorianischen Reform des Kalenders 1582 war der Luciatag der kürzeste des Jahres, weswegen ihr Fest den Wendepunkt bezeichnet zwischen Finsternis und wieder aufsteigendem Licht. Nicht von ungefähr hat es im winterdunklen Schweden besondere Bedeutung erlangt und die Reformation als einer der populärsten Feiertage überdauert.

Odilia

Dass seine Tochter um 660 blind zur Welt gekommen war, empfand der elsässische Herzog als „Familienschande" und wollte Odilia töten lassen. Die Mutter konnte das Kind in ein Kloster retten, wo es bei der Taufe das Augenlicht erlangte. Odilia soll 690 auf dem später nach ihr benannten Odilienberg südlich von Straßburg eine Abtei gegründet haben, in der sie um 720 starb und beigesetzt wurde. Schon bald ereigneten sich Wunder an ihrem Grab, das zu einer beliebten Wallfahrtsstätte für Augenkranke wurde.

Autbert, Bischof von Cambrai (7. Jh.); Erno (Emo) von Huizinge, Probst im friesischen Wittewierum (13. Jh.); Jodokus (Jobst, Josse), Einsiedler bei Boulogne (7. Jh.)

14.

Franziska Schervier

Sie wuchs behütet auf und entwickelte ein besonderes Gespür für Menschen, die am Rand der Gesellschaft lebten: Franziska Schervier (* 1819) war die Tochter eines Aachener Industriellen und von Jugend auf bestrebt, Armen und Kranken zu helfen. Sie gründete die „Johannesküchen" zur Verpflegung der Notleidenden und 1854 den Orden der „Armen Schwestern vom heiligen Franziskus", die auch Verwundete in den Kriegen 1864 bis 1870/71 pflegten. Die Kräfte ihrer Oberin waren am 14. Dezember 1876 erschöpft.

Juan de la Cruz (Johannes vom Kreuz)

Mit 21 Jahren trat der Sohn eines Webers bei Salamanca 1563 in den Karmel von Medina ein, fand aber wenig Gefallen an der seiner Meinung nach laxen Handhabung der Regeln. Erst nach Begegnung mit Theresia von Ávila (Fest 15.10.) fand er als Juan de la Cruz seine Aufgabe beim Mitwirken am Aufbau eines eigenen Zweiges der Unbeschuhten Karmeliter. Hier konnte er auch seinen mystischen Neigungen nachgehen und unsterbliche Werke verfassen wie „Die dunkle Nacht der Seele". Er starb am 14. Dezember 1591 in Úbeda.

Agnellus, Einsiedler bei Neapel (6. Jh.); Folkwin, Bischof von Thérouanne (9. Jh.); Nikasius, Erzbischof von Reims (5. Jh.)

15.

Johannes Heinrich Karl (Carlo) Steeb

Geboren 1773 in Tübingen als Sohn protestantischer Eltern, ging Steeb nach Verona, konvertierte 19-jährig zum Katholizismus und empfing 1796 die Priesterweihe. Er arbeitete als Theologieprofessor am Priesterseminar in Verona und engagierte sich als Seelsorger der Armen und Kranken. Zur Unterstützung seiner sozialen Bemühungen gründete er 1840 die Gemeinschaft der „Kleinen Schwestern der Barmherzigkeit". Als Carlo Steeb am 15. Dezember 1856 in seiner Wahlheimat verschied, galt er bereits als heilig.

Christiana, Missionarin in Georgien (4. Jh.); Maria Crucifixa di Rosa, italienische Ordensgründerin (19. Jh.); Virginia Centurione Bracelli, Mystikerin in Genua (17. Jh.)

16.

Adelheid

Eine der großen Frauengestalten der deutschen Geschichte war Adelheid, 931 geborene Tochter des burgundischen und 937 Ehefrau des langobardischen Königs. Schon 950 verwitwet, wurde sie vom Nachfolger ihres Mannes bedrängt, doch der deutsche König Otto I. kam ihr zur Hilfe, besiegte den Tyrannen und heiratete die befreite Adelheid. 952 erhielt sie mit ihm die Kaiserkrone. Sie machte sich als großzügige Förderin von Kirchen einen Namen und starb in ihrer Stiftung Kloster Selz (Elsass) am 16. Dezember 997.

Ado, Erzbischof von Vienne (9. Jh.); Dietrich, Abt von Rommersdorf bei Neuwied (12. Jh.); Sebastianus Maggi, italienischer Generalvikar der Dominikaner (15. Jh.)

17.

Johannes von Matha

Bei seiner Primiz hatte der soeben geweihte 25-jährige Priester Johannes von Matha (Provence) 1185 eine Vision der Dreifaltigkeit und deutete sie als Impuls zur Gründung des Ordens der Trinitarier. Sie breiteten sich rasch in Süd- und Westeuropa aus und kümmerten sich vor allem um Sklaven- und Gefangenenbefreiung. Auch Krankenbetreuung in Hospitälern sowie Verwundeten-Seelsorge auf Kreuzzügen gehörten zu ihren Aufgaben. Der Gründer Johannes ging am 17. Dezember 1213 in Rom in die ewige Seligkeit ein.

Sturmius

Vermutlich kam er um 710 in Bayern zur Welt, lernte in den 730-er Jahren Bonifatius (Fest 5.6.) kennen und wurde 739 zum Priester geweiht: Sturmius zog sich dann für einige Zeit in die Einsamkeit zurück, ehe ihn Bonifatius rief und ihn mit der Mission im Hessischen beauftragte. Hier fand der Lieblingsschüler des „Apostels der Deutschen" ein geeignetes Areal für eine Klostergründung, aus der später Abtei und Stadt Fulda wuchsen. Dort vollendete Sturmius am 17. Dezember 779 sein Christus geweihtes Leben.

Begga, Wohltäterin in den Ardennen und Urahnin Karls des Großen (7. Jh.); Jolanda, Priorin von Marienthal in Luxemburg (13. Jh.); Modestus, Patriarch von Jerusalem (7. Jh.)

18.

Gatianus

Als Glaubensbote kam Gatianus in der Mitte des 3. Jahrhunderts nach Gallien und bildete das Bistum Tours, wo er erster Bischof wurde. Mit Glück entging der fromme Mann den Christenverfolgungen unter Kaiser Decius und konnte während der nachfolgenden Ruhephase in fast 50-jähriger Arbeit die Gemeinde erweitern und sichern. Nach seinem Tod am 18. Dezember 301 blieb der Bischofssitz lange verwaist. Martin (Gedenktag

11.11.) überführte 380 die Gebeine des Vorgängers in die spätere Kathedrale St. Gatien.

Philipp, Bischof von Ratzeburg (12./13. Jh.); Wunibald, Missionar in Franken und Abt in Heidenheim (8. Jh.); Zosimus, Einsiedler in Kilikien (3./4. Jh.)

19.

Urban V.

Obwohl selbst Franzose, geboren 1310, sann der 1362 als Urban V. gewählte Papst in Avignon darauf, wie das schon über ein halbes Jahrhundert währende Exil des Papsttums an der Rhône zu beenden sei. Gegner wurden durch Zahlungen ruhig gestellt, der französische König war durch Krieg geschwächt, die Römer ersehnten die Rückkehr des Heiligen Vaters. Am 16. Oktober 1367 konnte Urban dann tatsächlich in Rom einziehen. Doch halten konnte er sich letztlich doch nicht und musste nach Avignon zurück, wo er am 19. Dezember 1370 starb.

Anastasius I., Bischof von Rom (4./5. Jh.); Konrad von Lichtenau, Propst in Ursberg (13. Jh.); Petrus, Priester in Arolsen (12. Jh.)

20. Domingo (Dominikus) von Silos

Er strahlte schon als Jugendlicher eine ungewöhnliche Energie aus. Domingo, um 1010 in Nordspanien geboren, übernahm als 20-Jähriger die Leitung eines Klosters. Nach weiteren erfolgreichen Stationen wurde er 1041 Abt in Silos bei Burgos und baute die Abtei in drei Jahrzehnten zu einem Juwel aus. Der von ihm in Auftrag gegebene Kreuzgang gilt als einer der schönsten der Iberischen Halbinsel. Hier beschloss Domingo sein arbeitsreiches Leben am 20. Dezember 1073. Sein Grab wurde zur Wallfahrtsstätte.

Eido, Bischof von Meißen (11. Jh.); Heinrich Egher, rheinischer Kartäuser (14./15. Jh.); Vinzenz Dominkus Romano, italienischer Priester (19. Jh.)

21. Peter Friedhofen

Schornsteinfeger gelten als Glücksbringer, und vielen Kranken brachte der Schornsteinfeger Peter Friedhofen, 1819 bei Koblenz geboren, ein wenig Glück. Nach 16-jähriger Berufsausübung beschloss der stets durch Werke der Nächstenliebe aufgefallene Friedhofen die Gründung der Kongregation der „Barmherzigen Brüder von Maria Hilf", die sich der Krankenpflege verschrieb und sich die Augustiner-Regel gab. Der Gründer erlebte noch die Anfänge des Aufstiegs seines Ordens vor dem frühen Tod am 21. Dezember 1860 in Koblenz.

Dominikus Spadafora, italienischer Mönch (15./16. Jh.); Honoratus, Bischof von Toulouse (3. Jh.); Richard von Adwerth, englisch-niederländischer Zisterzienser (13. Jh.)

22. Francisca Xaviera Cabrini

Sie wusste, was Not heißt: Francisca (* 1850) stammte aus einer oberitalienischen Bauernfamilie mit 13 Kindern. Von früh auf verspürte sie den Wunsch, Notleidenden zu helfen und gründete 1880 den Orden der „Missionsschwestern vom Heiligen Herzen". Schon im Folgejahr anerkannte ihn Papst Leo XIII. und bat Francisca, sich um die italienischen Einwanderer in den USA zu kümmern. 1888 ging sie dorthin und gründete Hilfsstationen. Sie starb als US-Bürgerin am 22. Dezember 1917 im Mutterhaus in Chicago.

Bertheid, Äbtissin in Münster (11. Jh.); Flavianus, Märtyrer in Rom (4. Jh.); Jutta von Sponheim, Klausnerin bei Kreuznach (12. Jh.)

23.

Hartmann

Der in Polling bei Passau um 1090 geborene Hartmann wurde von Augustiner Chorherren erzogen, trat in den Orden ein und erhielt verschiedene Leitungsposten in den Klöstern Herrenchiemsee, Klosterneuburg und als Dekan in Salzburg. 1140 zum Bischof von Brixen berufen, erneuerte er seine Diözese von Grund auf. Schon vor seinem Tod am 23. Dezember 1164 galt er als Heiliger, dem eine Fülle von Wundern zugeschrieben wurden. An seinem Grab in dem von ihm gegründeten Neustift setzten sich die Wunder fort.

Johannes von Krakau

Wenige Kilometer südöstlich von Krakau liegt der Ort Kety. Dort kam 1390 Johannes zur Welt, der deswegen den Beinamen „Cantius" erhielt. Er wurde Theologie-Dozent an der Universität Krakau, deren Studenten ihn wegen seiner Frömmigkeit verehrten. Viermal pilgerte er zu Fuß nach Rom und einmal nach Jerusalem. Nach seinem Tod am Heiligen Abend 1473 wurde er in der Kirche St. Anna beigesetzt. Bis heute sind seine Privatkapelle und seine Wohnung im einstigen Universitätsgelände unverändert zu besichtigen.

Servulus

Wir kennen diesen Heiligen durch Papst Gregor den Großen (Fest 3.9.): Servulus war ein von Geburt an gelähmter Bettler, der tagein, tagaus vor der Kirche S. Clemente um Almosen bat. Er behielt das Wenigste für sich und gab das andere an noch Ärmere weiter. Obwohl er nicht lesen konnte, kannte er jeden Bibelvers, weil er sich die Heilige Schrift oft vorlesen ließ. Als er im Jahr 590 den Tod nahen fühlte, bat er die Umstehenden um Schweigen, damit alle die Engelschöre hörten, die zu seiner Begrüßung sangen.

Ivo, Bischof von Chartres (11./12, Jh.); Maria Margareta d'Youville, kanadische Mystikerin (18. Jh.); Mazotha, schottische Klostergründerin (8. Jh.)

24.

Paula Elisabeth Cerioli

Eigenes Leid schärfte ihr Gespür für die Nöte anderer. Die 1816 bei Mailand geborene Paula Cerioli heiratete mit 20 Jahren, verlor ihre drei Söhne früh und auch ihren Mann nach schwerer Krankheit. Sie gründete 1856 mit dem Rest ihres Vermögens, den sie nicht an Arme spendete, den Orden der „Schwestern und Brüder von der Heiligen Familie", der sich um die Erziehung von Waisen und unbemittelten Landkindern kümmerte. Neun Jahre führte sie ihn bis zum Tod am 24. Dezember 1865. 1901 wurde er päpstlich bestätigt.

Albert von Gladbach, deutscher Benediktiner (10. Jh.); Charbel Makhlouf, libanesischer Einsiedler und Wundertäter (19. Jh.); Hanno, Bischof von Worms (10. Jh.); Irmina, Äbtissin von Öhren bei Trier (8. Jh.)

25.

Anastasia

Sie war eine Freundin des heiligen Chrysogonos (Fest 24.11.) und begleitete ihn zum Martyrium in Aquileia 303. Dabei wurde die römische Christin Anastasia selbst verhaftet. Sie hatte sich nach einer unglücklichen Ehe mit ihrem Witwenvermögen Zutritt zu den gefangenen Glaubensgenossen verschafft und sie getröstet. Jetzt sah sie für sich selbst den Himmel offen, als sie das Todesurteil der Christenverfolger vernahm. Nach mehreren vergeblichen Versuchen, sie zu töten, wurde sie im Jahr 304 verbrannt.

Maria Theresia von Wüllenweber

Die 1833 im Rheinischen geborene Maria von Wüllenweber zog es zur Mitarbeit in der Mission, doch alle Orden wiesen sie ab. Um 1880 aber lernte sie in Rom Pater Franz Jordan, Begründer der Salvatorianer, kennen und gründete mit ihm 1888 den weiblichen Zweig des Ordens, die „Schwestern vom Göttlichen Heiland", die in Waisenhäusern und Altersheimen Fürsorge und Pflege übernahmen. Sie führte die Salvatorianerinnen bis zu ihrem Ende in Rom am 25. Dezember 1907. Ihre Kongregation wurde 1911 päpstlich anerkannt.

Adam Chmielowski, polnischer Ordensgründer (19./20. Jh.); Eugenia, Märtyrerin in Rom (3. Jh.); Petrus Nolaskus, Ordensgründer in Spanien (13. Jh.)

26.

Stephanus

Er war der erste Märtyrer des Christentums: Etwa im gleichen Jahr geboren wie Jesus, war Stephanus nach dessen Himmelfahrt einer der sieben Diakone der Jerusalemer Urgemeinde und bewundert vor allem wegen seiner glänzenden Predigten. Orthodoxe Juden aber fürchteten seine Wortgewalt, bezichtigten ihn der Gotteslästerung und brachten ihn vor den Hohen Rat. Trotz oder wohl eher wegen seiner überzeugenden Verteidigungsrede, wurde Stephanus um das Jahr 40 zum Tod verurteilt und vor dem Damaskus-Tor gesteinigt.

Dionysius, römischer Bischof (3. Jh.); Richlindis, Äbtissin in Ormsheim in der Pfalz (12. Jh.); Vincentia Maria López y Vincuña, spanische Institutsgründerin (19. Jh.)

27. Johannes

Zunächst Jünger des Täufers (Fest 24.6.), wurde der temperamentvolle Johannes („Donnersohn") vom etwa gleichaltrigen Jesus berufen und zu seinem Lieblingsjünger. Vermutlich ist er nicht identisch mit dem Evangelisten und dem Verfasser der Offenbarung, doch laufen die Überlieferungen ineinander. Nach Christi Himmelfahrt erfüllte er den Missionsauftrag vor allem in Kleinasien, wo er um das Jahr 100 in Ephesus in die ewige Seligkeit einging. Er ist u.a. Patron der Schriftsteller, Drucker und Buchhändler.

Christina Ebner, Mystikerin in Franken (14. Jh.); Fabiola, Wohltäterin in Rom (4. Jh.); Walto (Basso), Abt in Wessobrunn (12. Jh.)

28. Kaspar del Bufalo

Der 1786 in Rom geborene Knabe Kaspar wollte Missionar werden, predigte früh auf den Plätzen der Stadt und erreichte mit seiner einfachen Frömmigkeit die Menschen. 1808 empfing er die Priesterweihe und gründete 1818 den Orden der „Missionare vom kostbaren Blut", auch Bufalini oder Sanguinisten genannt. Die Mitglieder kümmerten sich um die christliche Unterweisung, waren seelsorgerisch tätig und hielten Exerzitien ab. Kaspar beschloss sein gottgefälliges Leben am 28. Dezember 1837 in seiner Heimatstadt.

Hermann von Niederaltaich, Einsiedler bei Zwiesel in Bayern (14. Jh.); Julius, kindlicher Märtyrer in Rom (3. Jh.)

29.

Thomas Becket

Nach Studien auf dem Kontinent machte der 1118 geborene Thomas in der Heimat England Karriere, wurde Kanzler König Heinrichs II. und exekutierte dessen kirchenfeindliche Politik. Der Herrscher bestimmte ihn 1162 zum Erzbischof von Canterbury, um die Kirche ganz in die Hand zu bekommen. Doch Thomas wandelte sich, wurde zum Verfechter kirchlicher Rechte und musste schließlich fliehen. Durch Versprechen zurückgelockt, fiel er am 29. Dezember 1170 gedungenen Mördern am Altar seiner Kathedrale zum Opfer.

Ebrulf, Abt im nordfranzösischen St-Évroult (6. Jh.); Eckhart, Domherr in Halberstadt (11. Jh.); Reginbert von Seldenbüren, Einsiedler bei St. Blasien im Schwarzwald (10. Jh.); William Howard, Märtyrer in England (17. Jh.)

30.

Sabinus

Er war einer der zahllosen Märtyrer während der Diokletianischen Christenverfolgungen um 300: Sabinus soll ein führender Vertreter der Christen von Spoleto in Mittelitalien gewesen sein, dessen Grabstätte zwei Meilen vor der Stadt schon früh Wallfahrtsziel und mit einer Kirche geschmückt wurde. Der Heilige ist auch schon abgebildet auf den Mosaiken der kurz nach dem Jahr 500 erbauten Basilika S. Apollinare Nuovo in Ravenna. Seine Reliquien sind aus ungeklärtem Grund nach Windsberg bei Straubing gekommen.

Diego (Didactus) von Azevedo, Bischof im nordspanischen Osma (13. Jh.); Egwin, Bischof von Worcester (8. Jh.); Germar, erster Abt im burgundischen Fly (7. Jh.)

Dezember

31.

Silvester I.

Er ist Patron der Haustiere, und die brauchen ihn an seinem Festtag, wenn zum Jahreswechsel die Raketen krachen: Silvester I. wurde 314, also in einer Zeit Bischof von Rom, als die Verfolgungen der Christen nachließen und sich neue Aufgaben des Aufbruchs stellten wie auf dem Konzil von Nicäa 325, an dem er nicht selbst teilnahm, dessen Beschlüsse er aber billigte. Als er am 31. Dezember 335 das Zeitliche segnete, hatte sich die Kirche dank der Politik Kaiser Konstantins des Großen konsolidieren können.

Alain (Alanus) de Solminihac, Bischof von Cahors (17. Jh.); Cathérine Labouré, französische Mystikerin (19. Jh.); Zoticus, Waisenhausgründer und Märtyrer in Byzanz (4. Jh.)

Register

Register

Register

Register

Register

Register

Register

Register

Register

Register

Register

Register

Register

Register

Bildnachweis

Umschlagabbildung vorne: Interfoto
Umschlagabbildungen hinten: dpa, Frankfurt/Main (links, Mitte); Interfoto (rechts)

dpa, Frankfurt/Main: 17, 19, 21, 23, 28, 30, 32, 40, 47, 55, 56, 68, 74, 82, 83, 88, 94, 110, 112, 115, 118 (2), 119, 143, 147, 148, 152, 157, 160, 163, 168, 177, 179, 182, 188, 200, 203, 207, 210, 212, 225, 227, 231, 235
Interfoto, München: 9, 10, 11, 12, 13, 19, 22, 23, 25, 26, 29, 35, 39, 42, 45, 49, 50, 53, 54, 59, 62, 65, 66, 70, 72, 77, 79, 80, 86, 90, 92, 97, 100, 102, 106, 122, 145, 149, 154, 155, 156, 158, 166, 170, 172, 175 (2), 181, 184, 185, 187, 191, 192, 194, 196, 198, 204, 209, 214, 215, 217, 219, 222, 223, 224, 230, 232, 233, 239, 241, 242